史铁生传

从炼狱到天堂

赵泽华 —— 著

陕西师范大学出版总社 西安

图书代号　SK24N2067

图书在版编目(CIP)数据

史铁生传：从炼狱到天堂／赵泽华著. -- 2版.
西安：陕西师范大学出版总社有限公司, 2024.10.
ISBN 978-7-5695-4717-7

Ⅰ.K825.6

中国国家版本馆 CIP 数据核字第2024A2Z961号

史铁生传：从炼狱到天堂
SHI TIESHENG ZHUAN: CONG LIANYU DAO TIANTANG
赵泽华　著

责任编辑	王文翠
责任校对	梁　菲
装帧设计	锦　册
出版发行	陕西师范大学出版总社
	（西安市长安南路199号　邮编　710062）
网　　址	http://www.snupg.com
印　　刷	陕西龙山海天艺术印务有限公司
开　　本	890 mm×1240 mm　1/32
印　　张	9.5
插　　页	2
字　　数	236千
版　　次	2024年10月第2版
印　　次	2024年10月第1次印刷
书　　号	ISBN 978-7-5695-4717-7
定　　价	68.00元

读者购书、书店添货或发现印刷装订问题，影响阅读，请与营销部联系、调换。
电话：(029)85307864　85303635　传真：(029)85303879

铁生，你的身体似一座炼狱，而你的灵魂光明如天堂。

———— 题记

序 / 他们是温暖的朋友

阎 纲

她写道:"他看上去很憔悴,满脸倦容,备受疾病的折磨,但目光温暖安详。"他是史铁生。她叫赵泽华,《史铁生传》的作者,深知史铁生,"他们是温暖的朋友"。

一

史铁生与病痛为伴,苦苦求索,领悟人生,葆有顽强的生命力,惊动了文坛,极具研究的价值。

赵泽华,一位被火车轧伤、左腿被截肢、高楼倒栽、右臂错位,一连死过两次,终于战胜死神,自喻"在刀尖上跳舞"的编辑兼作家。

赵泽华研读了史铁生的全部作品,有的作品不止读过一遍。涉深水者得蛟龙。

幸有《三月风》引渡,两人在零距离的交往以及与生命共同周旋的过程中,结为无话不谈的挚友,多年来做内心深处的交流。赵泽华诗人气质,慈悲心肠,时常伤感而涕垂。

史铁生走了,赵泽华通过怀念显现他不死的生命。

赵泽华纤笔一支,凝重、抒情,饱含热泪。

她不禁叹惋:

　　社会只对承受痛苦的人表示同情,但唯有对战胜痛苦和命运的人才会表示敬意。

　　对于那些微笑面对死神的人,死神不过是一个引渡者和黑衣使者。

　　独特的文字魅力和悲天悯人的情怀,以轮椅和文学为方舟,泅渡了自己也普度了众生!

二

　　凡人,必死,又得活着,这是一道生命哲学的尖端命题。人活着,靠的是精神;死了,留下精神;死,也得有点精神。

　　他虽然不能拒绝最残酷的命运,却仍然可以选择有尊严的生活。

　　他被逼到命运的悬崖上,突然发现自己还有一双可以迎风展开的翅膀。

　　他越来越不满足于外世界的伪善和现实主义的模式化,与其说"艺术高于生活",不如说"艺术异于生活",因为艺术中有"我心中"的生活,正应了王阳明的一句名言:"破山中贼易,破心中贼难。"

　　宁静的孤独,受刑般的病痛,孤独与病痛,是史铁生世俗地狱里附加的地狱。他一边承受双重地狱,一边感悟人的心经。

　　越到后来,史铁生越是转身内世界,解剖一己之私,揭示人的灵魂,在地狱的无边煎熬中,在人性善与恶、爱与憎、生与死的不同视角的轮番拷问中,忍痛为鲜活的生命问路。

他说:"死神就坐在门外的过道里,坐在幽暗处,凡人看不见的地方,一夜一夜耐心地等我。不知什么时候,它就会站起来,对我说:嘿,走吧。……我想我大概仍会觉得有些仓促,但不会犹豫,不会拖延。"

死神掳走了史铁生的生命,无法没收他的灵魂;灵魂在人们的内心点燃长明灯。

贯穿于文品中的人格,是史铁生长明灯永生的精灵,冥冥中呼唤精神的自由与个性的解放,有如汤显祖《牡丹亭记题词》所言:"生者可以死,死可以生。生而不可与死,死而不可复生者,皆非情之至也。"

在探究灵与肉悲欣交集的课题中,至善至美是史铁生深刻的内涵,是他终其一生艰难参悟的禅。

书名副标题是"从炼狱到天堂",题记是"你的身体似一座炼狱,而你的灵魂光明如天堂"。

"不疯魔,不成活",不在炼狱里疯魔受难,洞穿世俗,澄怀悟道,哪能明彻本心度化升天?

三

史铁生的美学植根于他的生命哲学。

在史铁生看来,人世沧桑,生来就是孤独的;无法赶上欲望时,又是痛苦的;不想死又不得不死时,是恐惧的。固然,人生是痛苦的,人却是自由的,人有选择的自由:我热爱生命,我选择写作,写作能够让现状的残疾化为浪漫的爱情。

在我看来,一个民族能够繁衍数千年,在于其具有合理而稳定的传承因子,所以,民族生存的底蕴一旦还原到表现个人心灵世界的"原生态",史铁生说,那它"就接近文学了"。

史铁生的行为艺术和他的文学作品,旨在教人上进,我们懂的,却难以完全参透他生命的禅,它太纠结,太深奥了。

古今至文多血泪。我对耶稣受难感喟不已:那坦然的眼神,深邃的前额,伤痕累累的身躯,从圣母的慈祥一直到圣灵的重生。

地坛是史铁生的精神家园,他活在那里。

【附识】从干校返城,我胃底长肉瘤了,术后,阅读史铁生"遥远的"却近在我们陕西家乡的"清平湾",反反复复地读着。我在破老汉和作品里"我"的身上琢磨民族传承的意蕴和当下生命存在的方式,不禁泪眼婆娑。我去地坛练功。

地坛,史铁生灵魂的栖息地。我蹬自行车带着癌症术后的女儿投身地坛,练郭林功:"吸——吸——呼。"然后寻找铁生轮椅云游的线路和印痕,似乎那里就是他想到死又想到生的地方,似乎远处传来妈妈唤儿时焦虑不安的音调。

当我想到清平湾也是我的家乡,想到我去地坛练站桩,陪伴女儿沿着史铁生轮椅碾过的印迹追问人生、寻求救赎的情景,我勇敢了,终于将写序的事应承下来。

写在前面的话

　　史铁生是我国文坛上一位独特的作家,这种独特性来源于他独特的经历、独特的文字和对于生命独特而深刻的思考,而这一切,则构成他独特的文字魅力和人格魅力。

　　铁生在文学界和读者心目中的地位、价值都是无法替代和不可复制的。

　　他的英年早逝,是中国文坛不可估量的损失。

　　由于年龄的相仿和命运的相似,我有幸结识铁生并成为彼此可以信任的朋友。

　　我们都知道,追溯一位重要人物的成长轨迹,无法忽略和越过他的童年,也无法忽视他身边最亲近之人对其生命质量、人品性格和心理形成的至深影响。同时,他留下的百万文字也是我们了解、研究和承继的宝贵文学财富。

　　本书就是以铁生的文字作品为根基,以他的生命经历和生活事件为主线,用朋友和女性的双重视角,解构铁生闪烁理想光辉的作品,试图寻找其人生经历与作品之间的必然联系,试图了解这个世界对于铁生不同寻常的意义,以及铁生对于这个世界的非同一般的意义。

铁生的不幸是极致的,他在最青春最充满活力的二十一岁,突然双腿瘫痪,其后患上尿毒症,倾其一生与病痛做艰苦卓绝的抗争,并最终与命运达成和解,获得内心真正的平和与升华。

在这整个惊心动魄的过程中,渐渐显现出他灵魂的高贵与理性的力量。

苦难真是一块奇特的土地,它既生长颓废的荒草,也生长挺拔的参天大树,这完全取决于种子内在质地的优或劣。

铁生不愧是一位思想者——虽然疾病使他寸步难行,心灵的翅膀却将他带到一个难以被超越的高度。

他获得思考的乐趣,并借助思想使灵魂再生。

但是,如果仅仅把铁生定位为残疾作家,是有局限性的。实际上,铁生早已超越他个人的不幸和命运的限定,而深入探索和寻求生命的本质问题。

我们很多普通人,不一定会经历那种极端的不幸和磨难——但是,逆境和坎坷也是我们人生的常客。

列夫·托尔斯泰说过:幸福的家庭总是相似的,不幸的家庭各有各的不幸。我曾经对这句名言思索良久,终于悟出:这是因为不幸的种类远远高于幸福的种类。

铁生也说过,人生如同打牌,能抓一手好牌的幸运和概率并不高,多数人都只抓到一手烂牌。

如何能将一把烂牌打得精彩,这就是人生的艺术,同时也是每一个热爱生活者所追求的人生境界。

铁生抓到的无疑是一把烂牌,几乎没有任何反转和取胜的希望,他却让这个过程充满了无与伦比的精彩。这个精彩的过程,是谁也剥夺不了的,连死神也不能。

或许,从这个意义上说,铁生以及他的作品正显示了他对于一般人群的普遍意义和非凡意义。

铁生的书,没有娱乐性功能,也不会对别人柴米油盐的日常生活有何影响——换句话说,你不知道有铁生这么个人,你不读铁生的文章,照样可以吃得饱睡得着甚至活得开心。但是,除了人的生物学意义,除了活着,你还想在人生迷茫之处追问价值,想活得更好更清醒更智慧,铁生的书,应该是不二之选。

在浮躁和物化的社会中,铁生的精神闪耀着碎金般的光芒,他的所有作品,都与肤浅无关。

如今,铁生已经不能发声,如果我们竟然可以慢慢淡忘他,竟然可以没有他而无遗憾,竟然可以不读他,那与铁生无干,而是我们对自己的放弃和放逐。

这个世界是铁生的救赎之地。铁生身在黑暗的炼狱,却身先士卒闯出一条可行的救赎之路,并将它毫无保留地指示给我们。

这条路通向人类精神的光明天堂。

他是人类中的优秀者,永远与我们同在,以燃烧的文字为火焰,温暖和照耀着我们。

这也正是我们至今纪念他和阅读他的价值所在。

目 录

第一章 童年的酸甜苦辣

母亲为生了那么个丑东西伤心了好久 / 3
他大概有些早慧,记事的时候是两岁 / 7
蹒跚着走出屋门,向四周张望 / 9
听到和看到的世界 / 14
和奶奶在一起的黄金时代 / 18
奶奶的遭遇,始终无法让他释怀 / 22
一个致命的秘密 / 26
考上了清华大学附属中学 / 29
这一阵子先不要回家 / 36

第二章 遥远的清平湾

离开北京的那一天 / 41
对于命运的残酷无情,他浑然不知 / 43
清明节的时候,他病倒了 / 46
在山上放牛的日子 / 49
为了一碗杂面条 / 55
方圆十几里,看不到一个人 / 59
只有我和破老汉,没吃它的肉 / 62

说书的盲人／64

他的腿病，多半就是这么"落"下的／67

第三章　二十一岁那一年

坐火车回到北京，已是深夜／73

奶奶风烛残年，真的老了／77

命运如上帝，他被选中了／82

被父亲搀扶着走进医院／86

怎么得了这么要命的病啊／90

危卧病榻，难有无神论者／93

死神的诱惑／96

他看到了不幸命运的普遍性／100

从此与医院结下不解之缘／106

第四章　身体成了一座禁锢自由的监狱

如果无力冲破黑暗，就只能被无声吞没／115

母亲为了他的工作，跑了八年／119

地坛与他，似乎有着宿命般的缘分／122

老屋里的青春年华／125

他的成名作《午餐半小时》就诞生在此／128

刻骨铭心而无果的初恋／131

被刻意忽略的事件／134

此时无声胜有声／140

选择自杀，并非不热爱生活／142

第五章　任何灾难的前面都可能再加一个"更"字

他看到了光 / 147

必须背负的十字架 / 151

面对命运的不公平,他如何看? / 153

如耶稣在旷野,继续接受魔鬼的试炼 / 158

永不放弃的母爱 / 161

他高兴得整整一宿没合眼 / 165

他说,人真正的名字叫作:欲望 / 168

小说获奖——母亲离开他七年了 / 170

园子里的车辙和母亲的脚印 / 174

第六章　看到苦难的永恒

死是一件不必急于求成的事 / 181

这个发现是如此重要 / 186

相信爱才是人类唯一的救助 / 190

以轮椅和文学为方舟,泅渡了自己,也普度众生 / 195

苦难必须由自己承受 / 205

为不能发声者发声 / 210

他是思想上的"领跑者" / 213

父母的特质,在他的文字里完美结合 / 220

一直生活在透析和死亡的阴影里 / 226

他轻轻地走了,捐献了全部健康器官 / 236

附 录

通往哲学的路——读史铁生　孙　郁／245
论史铁生的文学心魂与精神持念　李建军／260

第一章
童年的酸甜苦辣

生命的开端最是玄妙，完全的无中生有。好没影儿的忽然你就进入了一种情况，一种情况引出另一种情况，顺理成章天衣无缝，一来二去便连接出一个现实世界。

——史铁生

母亲为生了那么个丑东西伤心了好久

关于出生时的情景,铁生在《轻轻地走与轻轻地来》一文中这样描述:"生我的时候天降大雪。一天一宿罕见的大雪,路都埋了,奶奶抱着为我准备的铺盖蹚着雪走到医院,走到产房的窗檐下,在那儿站了半宿,天快亮时才听见我轻轻地来了。母亲稍后才看见我来了。奶奶说,母亲为生了那么个丑东西伤心了好久,那时候母亲年轻又漂亮……"

而比铁生更晚些时出生的我,只能凭借铁生的文字和自己的想象,眺望半个多世纪之前那场罕见的大雪,以及铁生降临于世的情景。

元旦之后,北京下了一场罕见的大雪,那场雪整整下了一天一夜,棉絮一样的雪花漫天飞舞,屋顶、树木、路灯、石墩、电线杆、墙头,所见之物,都是白茫茫一片,连道路都被大雪埋住了。

傍晚,铅灰色的天空低垂,暮色四合,行人更是寥寥无几。

选择这样的天气出门的,大致都有不得不出门的理由吧。

行人裹紧身上的衣服,深一脚浅一脚,低着头,身体前倾,用这样的姿势抵御寒风的肆虐和狂暴。

在他们的身后,发黑的雪窝里留下一溜儿深深浅浅、杂乱无章的脚印。

另一些路上的人,也多半是因为有事耽搁在了路上,正在匆匆忙忙地往家赶。这个时候,想必他们最向往最渴望的就是家里昏黄的灯光、温暖的火炉以及一碗放了西红柿、葱花和香菜的热乎乎的面条汤了。

这样的天气,确实会有很多事被耽搁。但是,有什么是不会被耽搁和延误的呢?有什么是任何事情任何恶劣天气也阻止不了的呢?

我想,大概就是一个人的出生了。

一个人,他不会早也不会晚,他在必然的时刻来到这个对他而言无比懵懂和陌生的未知世界。对了——出生,一个人的出生,是任何人和事以及任何天气都无法延误的。

此刻,这所医院的产房里一定温暖如春,暖气烧得很热,气氛静谧安详,白衣护士脚穿软底的白色护士鞋,走起路来衣袂飘飘,悄无声息。

明亮的灯光、来苏水的气味儿,护士们清澈的眼睛以及温暖的气息——这一切,都似乎与窗外呼啸的狂风和弥漫的风雪无关。

一张产床上正躺着一个待产的女人。

这是一个年轻美丽的女人,有墨黑的头发和姣好的容颜。她还是一个喜欢读书、性格浪漫多情的女人,所以,她不可能对自己即将出世的孩子没有一些想象和期望。

她希望,这个孩子是漂亮、健康和聪明的,但她肯定更希望这个孩子的将来是平安和幸福的。

这是每一个母亲最高也是最低的祈求,无论她是贫穷还是富有。

女人在等候她的天使降临。

一位哲人说过一句深情的话:孩子的生日是母亲的受难日。《圣经》里耶和华说,为了原罪的缘故,我必大大加重女人分娩的痛苦。

这个女人正在承受这种痛苦,而这种痛苦源于生命诞生的必然方式。

宫缩一阵紧似一阵,她墨黑的头发已经被汗水浸湿了,一缕湿发贴在清秀的额角。她拼命咬住嘴唇,不愿像有些女人那样毫无顾忌地哭喊。她也略懂一些分娩的常识,知道这个时候应该保存体力,而哭喊只能更多更快地消耗体力……她觉得腹部疼痛难忍,腰也酸痛得仿佛要折断了一样,意志稍微一涣散,她还是忍不住发出一两声痛楚的呻吟。

在这个风雪交加的夜晚,这个未出世孩子的奶奶正一步一步朝医院艰难挪动,臂弯里紧紧抱着为将出世孩子准备的被褥和为孩子母亲准备的红糖。

奶奶揪着心在产房的窗檐下站了半宿。天快亮时,她终于听到产房里传出一声婴儿嘹亮的啼哭。

奶奶悄悄抹了一把眼泪,挪动了一下小脚,觉得双脚在冰雪里已经没有知觉了,像两块冻硬了的白薯。但老人心里是满满的快乐和希望,她真心为他们老史家感谢上苍。

产房里,护士用白床单为孩子的母亲擦了擦额头和满脸的汗水,把已经洗净的孩子抱到母亲面前,对她轻声说,看,是个男孩呢。

年轻的母亲面色苍白,神情疲惫,抬眼看了看这个姗姗来迟的儿子,儿子很瘦,她只看到"一层黑皮包着骨头"。

这是孩子给她的第一印象。

她轻轻叹了一口气,孩子怎么一点儿也不像她啊。她有些想不通,有些失望:自己的儿子怎么就不像自己呢?

她暗暗为孩子的丑,为孩子的不像自己而有些伤心。

从护士的手里小心翼翼地接过儿子,儿子的小身体那么轻那么软,她用冰凉的嘴唇碰了碰孩子温热的小脸蛋,立刻被一种温情融化了。

那一刻她知道:这个孩子无论是丑还是漂亮,她都爱他,今生今世,作为母与子,他们的命运已经联结在一起了,儿子的甜在她那里会是蜜,儿子的苦在她那里会苦如黄连。

而这个刚刚来到人世间的孩子,对母亲的伤心、失望和爱怜,对窗外弥漫的风雪,都犹如面对自己未来的命运那样一无所知。

他只是尽情地啼哭,尽情地发出自己的声音,向这个幸福与苦难、光明与黑暗、温暖与寒冷、公平与不公平并存的世界宣告自己的到来。

这个出生在风雪之夜,后来被叫作"史铁生"的孩子——对于未来无知无觉,他一点儿也不知晓,未来的人生和命运就如同自己的名字:一块铁,必经百炼而成钢。

他也不知道,人生中也必有一场如出生这天这样遮天盖地的暴风雪来临。这场人生的暴风雪将使他陷入前所未有的生存危机,但最终也成就了他,使他因为自己的独特和深刻在中国文学史上留下浓重的一笔。

这也是他以及母亲所始料未及的。他后来庆幸:"铁"的后面有一个"生"字,所以,自己才一次次死里逃生,一次次获得新生,他为此而深深地感恩。

一天一夜罕见的大风雪终于停了。

大地静籁无声。

孩子的哭声,嘹亮而顽强地响着。

这个被叫作"史铁生"的孩子,出生于1951年1月4日,一个黑夜将尽、曙光将临的时刻。

历史将记住这个名字,中国将记住这个名字。

他大概有些早慧,记事的时候是两岁

一个孩子,到底什么时候有了清晰的记忆,我咨询了专家,大致是三岁以后,也有说四岁到六岁。绝大部分的说法是三岁或者四岁,个体因人而异。这个说法比较令人信服。

而铁生大概有些早慧,他记事的时候是两岁。

他在《消逝的钟声》一文中说:"我记事早。"孩子是不会说谎的,再说铁生是一个非常真诚的人。对此,我毫不怀疑。何况,他对自己"记事早"的说法有一个标记,那就是斯大林的去世。

他说,有一天,父亲把一个黑色镜框挂在墙上,奶奶抱着他走近看,说:斯大林死了。

镜框中是一个陌生老头,突出的特点是胡子都集中在上唇。在奶奶的涿州口音中,"斯"读三声。

他记得自己不断重复奶奶的话,觉得把"斯"读成三声很有趣。

那时候,想必铁生并不懂得死的确切含义,但是记住了那个场景和情节。

多年后他知道,那是1953年,他两岁。

确切地说,铁生那时候应该是两岁零两个月,因为斯大林逝世于1953年3月5日。

当时,他们住在北京一个普通的四合院里。

幼年的铁生站在炕上,扶着窗台,不停地转动脖子,透过玻璃窗好奇地看着外面。

如铁生所言,这是一个"幼稚的生命与世界的最初相见"。

我想,他很幸运,虽然他出生的时候寒冷彻骨、大雪纷飞,但当他第一次与世界对视的时候,世界就向他展示了明媚和仁慈的微笑。

这个世界是如此令人惊奇的美好:暖阳洒下淡金色的光芒,四周宁静,这种宁静给了一个孩子最初的安全感。他睁大眼睛,从容而有些怯生生地观察远远近近的景物。

他看到:"近处是一排绿油油的榆树矮墙,越过榆树矮墙远处有两棵大枣树,枣树枯黑的枝条镶嵌进蓝天,枣树下是四周静静的窗廊。——与世界最初的相见就是这样,简单,但印象深刻。"

我沿着他的文字张望,我也看到了:淡金、金黄、浅绿、深绿、浓绿,这些热烈、明快又温柔和谐的色彩,交织在一起,将彼此衬托得更加鲜明和美丽。

这印象——图画一样的景色、安静的氛围和丰富的色彩,或许给了一个孩子最初的和难忘的记忆,因此它对于这个孩子就具有了诗意般的意义。

因为,当一个孩子用自己最清澈无邪的眼睛和灵魂,亲眼见证了真与美的存在之后,就会对"这种美好是世界的一部分"而深信不疑了。

待他长大成人,这种力量就会日夜蓬勃为一种人生的信念,使他自然地向着美好靠近和寻求。

看见光的人,是可以为光做见证的。

同样,看见美的人,也可以用自己的心和眼睛为美做见证。

即使外部的世界被暂时摧毁,他也有能力在内心建立起一座日光之城,一座心灵的常青花园。

他必然坚信,光和美一直存在,并最终照亮他所钟爱的这个世界。

蹒跚着走出屋门,向四周张望

终于,铁生又长大了一点儿,大到可以走路了。

在奶奶的陪伴下,他蹒跚着走出屋门,走到门口。

那儿有一道在他眼里很高很高的门槛。

我仿佛能看见,幼小的他,一只手紧紧攥住奶奶的手,另一只手扒着门框,先睁着黑亮的小眼睛,四下里看了看,然后,有些吃力地迈过门槛。

一个色彩更丰富、视野更广阔的世界呈现在他的面前。

铁生站在院门外的台阶上,以一个孩子的目光痴痴地张望着,内心充满欢喜和惊讶。

那多半是夏天了,因为他后来描述,他闻到了"太阳晒热的花草的气味,太阳晒热的砖石的气味"。

他后来用文字告诉我们,他还看到由青砖铺成的十字甬道连接起来的高大房屋,看到了西番莲硕大的花朵,看见了小蜜蜂扇动着透明的小翅膀,在层层叠叠的花瓣里采集花粉。他看见蝴蝶缤纷的翅膀,看见蜻蜓在半空中平稳地停驻,看见白色或灰色的鸽群扑棱棱飞过头顶,渐行渐远又渐行渐近。

还有墙角背阴处的湿滑青苔,枣树底下落满的青黄色细碎的枣

史铁生与父母在一起

> 铁生,他继承了父亲诚实厚道和无怨无悔付出的品性,同时,也继承了母亲浪漫多情和柔韧温和的特质。这两者,十分和谐统一地在铁生的生命和文字里张扬出来,形成了铁生那些作品的独特风格——既厚重深沉,又充满经久不衰的魅力;既充满感性和爱,也充满智慧和理性;既可引为导师,也可当作最好的朋友。

花,一些陌生的面孔,东方升起的朝阳和西边的落日……

这一切都让他目不暇接,让他舍不得移开目光,直到太阳或者落日的余晖晃花了他的眼睛,眼前泛起黑色的斑点,他才闭上眼睛。

童年的经验告诉我,即使他闭上眼睛,还是能够感觉到红色和金色的光亮在眼前流淌……

那时候,铁生的父母亲都在工作,每天上班,一走就是一整天,铁生是由奶奶带大的。

铁生说:"终于有一天奶奶领我走下台阶,走向小街的东端。"

在那里,他看到了喧闹的物质生活:酒馆、饭馆、杂货铺、粮店和小吃摊。

铁生后来充满怀念和向往地回忆说:"因为有小吃摊,那儿成为我多年之中最向往的去处。"

我沿着铁生的这行文字,尽情想象童年铁生内心的快乐和渴望:

那条小街上挤满了人,似乎永远都是熙熙攘攘的。并不宽敞的街道两旁,挤满了卖各种小吃的——刚出炉的芝麻烧饼,油条,炒肝,爆肚,白嫩如玉的豆腐脑,豆汁,焦圈,包子,馅饼,炸灌肠,空气中散发着香油、芝麻酱、蒜汁儿、辣椒、羊肉、香菜等混合的香味儿。

一定还有各种小孩子最喜欢的甜食:小枣切糕、蜜三刀、栗子凉糕、杏仁茶、豌豆黄等。

连空气都仿佛变成香喷喷、甜丝丝的了。

孩子的小眼睛都不够使唤了,脸上满是兴奋的神情,一边被奶奶拽着小手催促着,一边几乎脚不着地地往前走,眼睛却在左顾右盼。

忽然,他不走了,小身体使劲朝后蹲。

这是小孩子耍赖和撒娇的惯常姿势。

"怎么了?"奶奶问。

"我想吃那个。"他指着一个摊子,使劲吸溜着鼻子。

切成一小块一小块菱形的豌豆黄吸引了他,那上面还有切成小窄条的酸甜酸甜的红色山楂糕。

他忍不住咽了下口水。

或者,他说:"奶奶,我想吃这个。"

他闻到了小枣浓郁的香甜气味。

通常,奶奶会从贴身的口袋里拿出一个折叠整齐的花手绢包,慢悠悠地一层层打开,露出里面的毛票,一些闪亮或者发黑的钢镚儿。

奶奶数几个给摊主,摊主就会笑眯眯地接过来,把毛票或者钢镚儿扔进一个饭盒或者纸盒里。

或许,一个闪亮的钢镚儿没扔准,就叮当响着落到地上,像一个极小的铁环滚到孩子的面前。他就会开心地捡起来,用小手高高举起那枚硬币,然后在奶奶的鼓励下,把那枚硬币投进铝制的饭盒里。听那清脆的碰击声,他觉得,这个小硬币找到自己那么多的小伙伴,一定很开心。

孩子的内心也因此充满了快乐。

然后,他睁着黑亮的小眼睛,看摊主揭开那层干净的白纱布,或是掀开一个绿色纱罩,从里面托出一块黄澄澄的豌豆黄或者一块小枣切糕来。

铁生在那里,还看到过驮煤的骆驼队,那些奇形怪状的庞然大物,对于一个几岁的孩子而言,想必是有多惊奇和震撼。

"什么呀,奶奶?"

"啊,骆驼。"

"干吗呢,它们?"

"驮煤。"

铁生指着骆驼来的方向问:"那儿是哪儿?"

"再往北就出城啦。"

"出城了是哪儿呀?"

"是城外。"

他从奶奶的话里知道了还有一个叫"城外"的地方,对那个地方很神往。

我想,即使是在那样一个物资匮乏的年代,童年在孩子一尘不染的心里也必定是金色和美好的。

它像珍宝一样埋藏在铁生内心最柔软的深处,就如同那豌豆黄和小枣切糕甜美的滋味。他记住了那种美好,并且在心里终生保存了这些甜丝丝的记忆,然后——很久很久之后,在他的文字里和我们一起分享。

听到和看到的世界

我一直都相信,一个人的童年对其一生都至关重要,对其世界观、价值观、心理,对社会与他人的信任,对人的生活态度,都有无可置疑和独一无二的意义。

一个童真的孩子,当他睁开眼睛看这个世界的时候,他的眼睛和心魂都如清澈见底的湖水,蓝天、白云、飞翔的鸟、花朵、树叶……所有的一切,千姿百态,气象万千,翩翩然从他心灵的湖面上漂过,留下自己最单纯最真实的影子和影像,并深深地刻在那里,形成孩子对这个世界的最初认识。

这对一个文字工作者、一个作家来说,更是如此,因为他是生活真实的记录者和再现者。

俄国著名作家冈察洛夫说过一段很有见解的话:"我有自己的园地、自己的土壤……自己的观察、印象和回忆的世界——我只能写我体验过的东西,我思考过和感觉过的东西,我爱过的东西,我清楚地看见过和知道的东西。总而言之,我写我自己的生活和与之长在一起的东西。"

所以,我们追溯一个重要人物的成长轨迹,也无法越过他的童年,无法越过童年时代他身边最亲近的人,这个人对他的生命质量、心态和成长影响至深。

对铁生来说,这个人应该就是把他一直带大的奶奶。

铁生在其名篇《奶奶的星星》里说起自己一个挥之不去的记忆:"我躺在奶奶的怀里,拼命地哭,打着挺儿,也不知道是为了什么,哭得好伤心。"

奶奶搂着他,轻轻拍打着他,哄他睡觉,唱着一个老旧的催眠曲。

他还是哭,也不知道为什么,心里就那么委屈。

奶奶似乎没辙了,忽然有些神秘地说:"你快听,听见了吗……"

他愣了一下,不哭了,认真地听。

铁生说,他"听见了一种美妙的声音,飘飘的、缓缓的……是鸽哨儿?是秋风?是落叶划过屋檐?或者,只是奶奶在轻轻地哼唱?直到现在我还是说不清"。

耳朵,是我们认识世界的另一条路径。

或许,就是从那一刻开始,他注意到世界并非是安静的,而是充满了各种奇妙和美妙的声音。

或许,他从此对自然界的各种声音格外敏感和好奇,也因此他的作品对各种声音的描述十分丰富和生动。

铁生在其另一篇散文《消逝的钟声》里回忆了奶奶带他到一个教会幼儿园报名,听到小朋友在风琴的伴奏下唱歌的情景:"那样的琴声和歌声我从未听过,宁静又欢欣,一排排古旧的桌椅、沉暗的墙壁、高阔的屋顶也似都活泼起来,与窗外的晴空和树林连成一气。那一刻的感受我终生难忘,仿佛有一股温柔又强劲的风吹透了我的身体,一下子钻进我的心中。"

铁生说:"我呆呆地站着,徒然地睁大眼睛,其实不能听也不能看了,有个懵懂的东西第一次被惊动了——那也许就是灵魂吧。"

后来,奶奶也常和别人说起那天的情景,说:"琴声一响,这孩子就傻了似的不哭也不闹了。"

还有一次是在暮色中,他听到了一种声音。

一听到这声音,铁生就认出来了,这就是他曾经听到过的那种缥缥缈缈响在天空里的声音!

"它在哪儿呀,奶奶?"

"什么,你说什么?"

"这声音啊,奶奶,这声音我听见过。"

"钟声吗?啊,就在那钟楼的尖顶下面。"

或许,很多读者和研究铁生作品的学者都注意到了他作品中神秘的宗教气息。

我想,那风琴伴奏下童声的合唱,那神秘的教堂的钟声,大概就是这气息或者精神的源头了。

而铁生心目中的"宗教",并不是一个名词,而是动词,是一个因永远达不到而始终存在于精神领域的追求和信念。就像罗素所说:"现在,人们常常把那种深入探究人类命运问题,渴望减轻人类的苦难,并且恳切希望将来会实现人类美好前景的人,说成具有宗教观点,尽管他也许并不接受传统的基督教。"

铁生对宗教精神的领悟则对我们更具有启示性。他曾经在给友人的信中这样深刻地阐述了宗教精神的本质:"我越来越相信,人生是苦海,是惩罚,是原罪。对惩罚之地的最恰当的态度,是把它看成锤炼之地。既是锤炼之地,便有了一个猜想——灵魂曾经不在这里,灵魂也不止于这里,我们是途经这里,宇宙那宏大浑然的消息被分割进肉体,成为一个个有限或残缺,从而体会爱的必要。"

他又说:"我们途经这里,那就是说我们可以期待一个更美好的世界,比如说极乐世界。但这不应该被强调,一旦这样强调,爱的信念就要变成实利的引诱,锤炼之地就难免沦为贿赂之地。一个更美好的世界,不管是人间还是天堂,都必经由万苦不辞的爱的理想,这才是上帝或佛祖或一切宗教精神的要求。"

正因为对宗教精神的深刻理解和独特认识,他摈弃功利的追求,即使在他最看重的问题上。

他在《神位官位心位》一文中曾经说过,曾有好心人劝他到庙里烧烧香,拜拜佛,许个愿,说那样的话佛就会救他,说不定他两条作废的腿又能走路了。

铁生说:"我不相信佛也是这么跟个贪官似的,你给他上供他就给你好处。"

好心人赶紧阻止他,你的腿还想不想好哇?

当然想。

铁生说:"我忽然心里有点怕。也许佛真的神通广大,只要他愿意就可以让我的腿好起来?老实说,因为这两条枯枝一样的废腿,我确实丢失了很多很多我所向往的生活。梦想这两条腿能好起来,梦想它们能完好如初。二十二年了,我以为这梦想已经淡薄或者已经不在,现在才知道这梦想永远都不会完结,一经唤起也还是一如既往地强烈。"

他有点儿心慌:"会不会因为我的出言不逊,这最后的机缘也就错过"?

果真如此吗?

铁生说:果真如此也就没有什么办法,果真如此也就没什么意思,当然也就没什么可怕。

由此可知,铁生是一个真正的理想主义者和坚定的实践者。

和奶奶在一起的黄金时代

童年时,铁生就是奶奶的影儿,整天像一个小尾巴那样跟在奶奶身后。这个世界是这样不可思议的大啊,大得无边无沿、无沿无边的。似乎,只有藏在奶奶的身影里,他才有了一个孩子所需要的安全感。

铁生回忆说,一到晚上,操劳了一天的奶奶常常感到腰背疼,她舍不得买药吃,总说,花那钱干什么。

她趴在床上说,让我大孙子给我踩踩就行。

铁生就站到奶奶的背上,来来回回用光脚丫给奶奶踩背。轻了,奶奶就高兴地夸他:真好受,我大孙子的小脚丫软软乎乎的,别提多管事了。有时,铁生踩得重了,奶奶就哎哟哎哟地叫。

孩子是没有长性的,他当时也不知道这是他唯一可以为奶奶做的事。他不耐烦了,总想着玩儿,一会儿问一遍,行了吧?还不行啊?

再踩两趟。奶奶说。

他很快踩了一个来回:这回行了吧?

唉,行了。

铁生赶紧下地穿鞋,开溜。

邻居们常常对还少不更事的他说,你是奶奶带大的,长大了可别忘了奶奶呀。或者说,可不能忘了奶奶,忘了谁也不能忘了奶奶,对不对?

铁生趴在奶奶的膝头上,用小眼睛瞪着那些这么说话的人,心想,这还用得着说吗?

每当这个时候,奶奶就更紧地搂住自己的大孙子,又高兴又伤心地说:"奶奶可等不到那会儿喽。"

话是这么说,奶奶仿佛已经得到满足了似的。

"等不到哪会儿啊,奶奶?"铁生这样问。

"等不到你孝敬奶奶一把铁蚕豆。"

铁生这时候就想起来,奶奶最喜欢让自己给她踩腰踩背了。

他就说:"长大了我还给您踩腰。"

"哟,那还不给我踩死。"奶奶虽然这么说,可语气里透着笑意和骄傲。

铁生想了一会儿又问:"您干吗等不到那会儿呀?"

"老了,还不死?"

"死了就怎么了?"

"那你就再也找不着奶奶了。"

有时候,他淘气,或者不听话了,奶奶就吓唬他:"再不听话,奶奶就死了。"

他不明白那到底是怎么一回事,只是本能地感觉,那是件很可怕的事。这对幼小的他,是一种最深层的恐惧。

他不说话了,老老实实依偎在奶奶的怀里。

铁生在《奶奶的星星》中记录了这么一件事:一年冬天的下午,窗外是风和雪,他一觉醒来,不见了奶奶。他哭破了嗓子,不相信爸爸妈妈说奶奶出门了的说法,整整哭喊了一下午,哭得那么伤心那么痛,谁都无法制止他的眼泪,直到奶奶出他意料之外地回来,让他深切体会到"失而复得"的珍贵和惊喜。

大人们谁也不知道,这个孩子刚才正经历了"唯恐失去"的恐惧和哀伤。

奶奶是小脚。

铁生说,奶奶洗脚的时候总避开人,但她避不开我,"因为我是奶奶的影儿"。

他蹲在奶奶的脚盆前不走,看着奶奶心疼地问:"您疼吗?"

"一碰着就疼。"

他吓得缩回手,他本来想摸摸奶奶的脚,又怕奶奶疼。

"你看奶奶受罪不?"

他点点头。

"那赶明儿奶奶一喊你你就回来,奶奶追不上你。嗯?"

他懂事地连连答应。

奶奶会讲故事,他最爱听奶奶讲故事了。

铁生这样优美地写到当年那难忘的情景:"夏夜,满天星斗,奶奶讲的故事与众不同,她不是说地上死一个人,天上就熄灭了一颗星星,而是说,地上死一个人,天上就又多了一颗星星。"

"我们坐在庭院里,草茉莉都开了,各种颜色的小喇叭,掐一朵放在嘴上吹,有时候能吹响。奶奶用大芭蕉扇给我轰蚊子。凉凉的风,蓝蓝的天,闪闪的星星,永远留在我的记忆里。"

我想,那或许也是他后来和最终走上文学之路的缘由,奶奶的故事催生了他内心对文学的向往。

那些故事一定如春雨润物一样,轻轻柔柔的,把关于美好和善恶,关于天上和人间,或许还有童话和文学的种子,播撒进他洁净的心田,并且静静地扎根在那里,等待有一天,在温润的土壤里,在合适的气候下悄悄地萌芽。

他小时候,妈妈工作的地方很远,尤其是冬天,妈妈要到天挺黑挺黑的时候才回来。爸爸在里面的房间看书读报,爸爸翻报纸的时候,总是窸窸窣窣地响。

铁生说,自己就一天到晚跟着奶奶。

奶奶坐在火炉边给妈妈包馄饨,铁生就在一边给奶奶裹乱,让奶奶给他包"小耗子"或者"猫",奶奶就擀饺子皮,包上点儿馅,捏出褶儿和两只小耳朵。

铁生把小面饼贴在炉壁上烤,弄得浑身都是面粉。

奶奶一边给他掸身上的面粉,一边笑着说:"你要会包饺子了,你妈还美。"

在铁生的印象里,奶奶还尽爱说一些莫名其妙的他不怎么听得懂的话。

比如,奶奶最爱对爸爸说:"到你们老史家来,跟着背黑锅。我妈还当是到了你们老史家,能享多大的福呢……"

奶奶总是把"福"读成"斧"的音。

这是铁生心里的一个谜,连同奶奶的叹气声,这都是铁生心里的谜。

夜里。

"月光照在窗纸上,一个个长方格,还有海棠树的影子。街上传来吆喝声,听不清是卖什么的,总拖着长长的尾音。"

铁生看见奶奶躺在炕上,眼睛一眨不眨地睁着眼睛想心事。

他小声叫了一声奶奶。

奶奶把温暖粗糙的手递给他,说,嗯,睡吧。

他乖乖地闭上眼睛,睫毛颤动着,小心眼里迷迷糊糊地琢磨:奶奶在想什么呢?她为什么老叹气啊?奶奶说过,她小时候也有一双能蹦能跳的脚,是谁把奶奶的脚变成这样了?那个人一定是个老妖婆……

拉着奶奶的手,在奶奶温暖的气息里,铁生不再害怕夜的黑,他总是睡得很香甜,醒来的时候就能看见太阳的光影了。

他当时可能还意识不到:童年,和奶奶在一起,是他这一生的黄金时代,是他无痛无苦、单纯如水的年华。

对一个孩子来说,它的美宛若天堂。

奶奶的遭遇，始终无法让他释怀

奶奶是一个多么好的人，是她把许多快乐、美好和爱，放到铁生的心里。

奶奶没有文化，也不会讲什么大道理，但她天生的母性的美好，使她成为一个没有任何论著和职称的最称职的奶奶。

正如铁生在《好运设计》中所向往的那种母爱："她教育你的方法不是来自于教育学，而是来自她对于一切生灵乃至天地万物由衷的爱，由衷的战栗与祈祷，由衷的镇定与激情。在你幼小的时候她只是带着你走，走在家里，走在街上，走到市场，走到郊外……走啊走啊你就会爱她，走啊走啊，你就会爱她所爱的这个世界。等你长大了，她就放你到你想要去的地方，她深信你会爱这个世界……"

从这个意义上说，铁生的奶奶"不着一字"的教育方法是最得孩子心的方法。

铁生的成长、铁生历劫磨难而不改对世界"爱的初衷"，便是一个明证。

但是，奶奶的遭遇和命运以及他自己对此的无能为力，始终让铁生无法释怀。

奶奶最常说的话是："唉，你们都赶上了好时候，看你妈这会儿有多美。"

奶奶最羡慕的人就是铁生的妈妈,羡慕她没有尝过裹小脚的痛苦,羡慕她有文化,上过学,羡慕她有工作。

铁生说:"有时候,来了好几个妈妈的同事,她们'叽叽嘎嘎'地笑,说个没完,说单位里的事。我听不懂,靠在奶奶身上直想睡觉。奶奶也未必听得懂,可奶奶特别爱听,坐在一个不碍事的地方,支棱着耳朵,一声不响。妈妈她们大声笑起来,奶奶脸上也现出迷茫的笑容,并不太清楚她们笑的是什么。"

奶奶听得什么都忘了,等客人都走了,妈妈要做饭了,才发现火都差点儿熄灭了。

奶奶的情绪好像也一下就低落了,神情落寞,坐在那里发呆,好半天,奶奶叹了口气,说:"唉,你们都赶上了好时候。"

1958年,铁生七岁,在东城区王大人胡同小学上学。

上小学二年级的时候,他知道了一个关于奶奶的天大秘密。

这个秘密成为铁生童年挥之不去的阴影和隐忧。

我们可以想象:一个你最熟悉最亲近的人,忽然变了,变成一个你不认识的人,甚至是别人眼里的"坏人"了,对一个孩子来说,还有什么比这个更难理解、更让人害怕的呢?

那些日子,奶奶晚上总出去开会,还不让铁生跟着。铁生就是奶奶的"影儿"啊,哪有人和自己的影子分开的呀。

他闹着要跟去,奶奶的脾气就变得很急躁。

他记得一天晚上,奶奶又要去开会,早早换上出门的衣服,坐在桌边上发愣。

妈妈把铁生叫了过来,让他陪奶奶去。妈妈又柔声对奶奶说:"就让他跟您去吧,回来时道挺黑的。小孩儿,没关系。"

铁生高兴地跳起来:"不就是去我们学校吗?奶奶,我搀您去,那条道我特熟。"

"喊什么?"他莫名其妙地挨了妈妈一巴掌。妈妈表情挺严肃的,他也没敢说什么。

他叫上同院的小伙伴八子。

铁生形容说,他们的小学校原来是一座庙。

那时候很多小学校都是由庙宇改成的,我小学时的学校也是:有好几层院子,大院套小院,教室的屋顶都很高,上面像龙鳞一样盖着黄色和绿色的琉璃瓦,有上翘的屋檐、回廊,高大的柏树、松树、柳树和满树的桃花。

奶奶开会在里院,就嘱咐铁生他们在前院玩儿。

这正合他们的心意,"因为好玩的东西都在前院,白天被高年级占领的双杠、爬杆、沙坑,这会儿都空着"。

那天的情景在铁生的记忆里栩栩如生:"天完全黑下来的时候,草丛里,墙根底下,到处是蛐蛐的叫声,知了也在高高的老柏树枝上'伏天儿——伏天儿——'地叫着。明亮通透的月光隔着绿得发黑的枝叶洒下来,斑斑点点地照着,更让那些高大的殿堂显得阴森森的。"

铁生惦记着奶奶,就对八子说:你在这里捉蛐蛐,我到后院看看有没有蛐蛐。

仅后院的南房里亮着灯。

铁生悄悄爬上台阶,用手扒着窗台向里看。他看见,一排排课桌前坐着的都是和奶奶年纪差不多的老头老太太。

讲台上有个人在讲话,有一女的还老站起来给那说话的人往茶杯里续开水。

铁生看见奶奶坐在最后排。

他从来没有离这么远,隔着玻璃窗看过奶奶——这会儿,他看见奶奶就像一个小学生似的,规规矩矩坐着。奶奶可能坐得腰疼了,她直了直腰,两只手也没敢离开膝盖。

铁生想笑,心里说:奶奶,这回您也知道上学的滋味儿了吧?

就在这时候,讲台上的那个人提高了声音,很严厉地指着下面的人说:你们这些人,过去都是地主、富农,都是靠剥削农民生活,过的都是好逸恶劳、光吃不做的剥削阶级生活……地、富、反、坏、右,你们是占的前两位。所以呢,你们要老老实实地改造自己……

铁生赶紧溜下台阶,脑袋里嗡嗡直响。

这时,八子到后院来找他。他吓得赶紧拉着八子去了前院,他怕八子知道奶奶是地主的事。

一个致命的秘密

　　这个致命的秘密,深深地折磨着年幼的铁生,让他恐惧不安,更让他困惑不解。

　　带他长大、爱他疼他、可亲可敬的奶奶,怎么会是那样的人,是地主?

　　奶奶怎么会是地主呢?

　　铁生记得,那天晚上,奶奶拿回来一个白色的卡片,爸妈都围着奶奶看,奶奶一直在擦眼泪。

　　"这回就行了,您就别难受了。"铁生听爸爸说。

　　"就是说,您和大伙儿一样了,也有选举权了。"铁生听妈妈也这么说。

　　奶奶把白卡片用一条新的白毛巾小心地包起来,嘴里还念叨着:"我也爱这个新社会,我可不想受你们老史家的气。解放前我过上过一天舒心的日子了吗?"

　　这时,她才注意到铁生蔫头耷脑地趴在床上,担心地说:"这孩子,不会是着凉了吧?"

　　她用手摸摸铁生的额头,又说:"倒是不发烧。"

　　奶奶打来洗脚水,对铁生说:"我大孙子是玩儿累了吧。明天奶奶给你包你最爱吃的扁豆馅饺子,好不好啊?"

铁生看看奶奶,没吱声,但他觉得奶奶又有点儿高兴了。

直到半夜,铁生也没睡着。他听见奶奶总翻身,知道奶奶也没睡着。他一动也不敢动,心里总是想:奶奶怎么是地主呢?奶奶要不是地主多好啊!

他第一次有了不能对人诉说的心事,以往,他什么都能跟奶奶说,可现在……

他试图找出自己心里的答案:奶奶到底是不是地主,他一会儿觉得奶奶像,一会儿又觉得奶奶那么善良,奶奶怎么是地主呢?

他昏昏沉沉,脑袋都想疼了,也没想出个所以然来。

铁生这样写道:"那时候,我们家住在东直门北小街附近。北小街再往北就出了城,很荒凉,破城墙、护城河边长满了荒草,地坛附近全是乱坟岗子,再走就是农村了。总有些赶大车的、拉排子车的从城外来,从北小街走过。马蹄子踩在地上'咕唧咕唧'的。在我的印象里,北小街永远是满地泥泞、满地马粪。马的鼻子里喷着白气,赶车的人穿得很破、很脏……"

奶奶说,看你听话不听话,那些赶大车的就是从小不听话。

铁生想看磨剪刀的,那人吹着一个小喇叭;又想看那修理雨伞的,那人用猪血把一条条高丽纸粘到伞上去。

奶奶却说,那些磨刀修伞的,都是因为不听话,才那么没出息。

铁生想到这里,心里悄悄对自己说:"奶奶可不是看不起劳动人民吗?"

他还看见过逢年过节,奶奶总把一穿缎子长袍、头戴瓜皮帽的男人的照片摆在桌上,照片前摆上两盘点心或者水果。

铁生问,奶奶,这人是谁啊,跟电影里的黄世仁似的。

他伸手想拿块点心吃,奶奶不让,说这是给爷爷的。

铁生又看了看那张照片,说:"这个人可真难看。"他皱皱小眉头,一本正经地问奶奶:"他怎么长那样啊?"

"不许瞎说。"奶奶把他从照片前拉开了。

这些的这些,又让他相信奶奶真是地主。

铁生说:"睡觉的时候,我不再把头扎在奶奶脖子底下了。奶奶以为我长大了,不好意思再那样了。只有我自己知道是为什么。而且我心里也明白:我还是跟奶奶好——这想法更折磨人。"

他不愿意相信,又想出一些理由推翻自己的结论。

他想起来:有一次,奶奶在门口看见一个收破烂的女人,背上背着一个柳条筐,筐里站着一个小女孩。奶奶听那女人说,孩子的爸没了。奶奶的眼圈就红了,还回屋拿了两件铁生穿小了的衣服送给那女人。

铁生也跑回屋去,拿了自己的几件好衣服想给那个收破烂的女人。

过后,铁生听奶奶好几次跟爸爸妈妈说:"这个孩子心眼好、善良,将来准错不了。"

想到这里,铁生相信,奶奶的心肠绝不像地主。

这件事折磨了他好几年,有好几年,心里总是惶惶的。

那年夏天,他终于忍不住和八子说了,八子拍着胸脯说:"准保你听错了,奶奶要是地主我死去。"

顿时,铁生觉得周围的空气明澈了许多。

他写道:"那是个夏天的中午,院子里静悄悄的。海棠已经有红的了,梨还是青的,树荫下好凉快。"

考上了清华大学附属中学

小学毕业,铁生考上了清华大学附属中学,这是一所一流中学。

学校创办于1905年,位于美丽的清华园,西临著名的圆明园,有浓厚的文化学术氛围和强劲的师资力量。

校园环境幽雅,风景如画,有高大庄重的教学楼,有宽敞的操场,有整齐美丽的草坪、花朵和郁郁葱葱的树木。

尤其到了秋天,校园里的色彩格外丰富,一条条通向教室、图书馆和实验室的小路,都被缤纷的落叶铺满,成为彩色的小径。

有条小路,落叶完全是金黄色的,柔软地铺满路上,踩在上面一定会发出好听的声音。远远望去,那就仿佛是一条用软黄金铺设的路。

空气中有迷醉的花香和树木微苦的清香气。

我想,如果铁生在自己心爱的校园里快乐地读书,健康地成长,他很可能会成为科学家、画家或者学者,会有一个美丽知性的妻子和聪明可爱的孩子。以铁生的勤奋和聪慧,他依然会著述等身。

但是,正如铁生后来在万劫不复的苦难中所了悟的:人生中没有"如果"。

也正如我们所设想的,铁生一定是在设想了无数丰富的"如果"

之后,才斩钉截铁地说出了这句至理名言:

"人生中没有如果。"

这句话是我听他亲口说出来的。

当时的情形是这样的。

有一次,我问他:如果当年,你没有去插队……如果你是健康的……

铁生微笑着打断我,说:"人生中没有如果。"

他说的时候很平静,并且微笑着,他总是微笑着,用平静的语气说出令世人震惊和感动的话来。

他的语气并不激昂,却常常无法令人忽略不计。

他说得对,人生中没有"如果"。

这等于是否定了一切可能之后,接受了这"唯一"的可能,即残酷的现实。

在接受的过程中,或者"以哭当歌",或者"以歌当哭"。

这完全取决于人心灵的质地。

铁生上中学后,学习成绩一直优异,并且积极要求入团,那是那个年代每一个少年进步和有追求的标志。

可是,他都快十六岁了,已经过了入团的年龄,身边的同学都纷纷入了团,胸前别着一枚亮闪闪的团徽。

铁生很羡慕。

但是,每一批入团宣誓的孩子里都没有他。

他烦恼。

没有人知道这个少年埋藏着很深的心事。

联系我自己所经历的,我懂得当时他内心的焦虑和迷茫:当年我毕业分配的时候,学校门口贴着大红榜,宣布分配在北京工作的毕业学生的名单。

我挤在人堆里,在那张写满密密麻麻名字的红榜上寻找自己的名字,从第一行看到最后一行,再从最后一行找到第一行。我看到班级里很多熟悉的名字,但就是没有我的名字。

听到很多同学欢喜和惊喜的声音,看到一些女孩子在我身边或者身后高兴地搂抱在一起,大声说笑,我沮丧极了,迷茫极了,却不知道这是为了什么?

担心由于紧张而看遗漏了自己的名字,我曾经故意耗在学校不走,等到没人的时候,一个人再悄悄看那张红榜。

可是,连班里一些学习成绩差的同学都榜上有名,却依然没有我的名字。

直到有一天,老师让我帮助她们整理一些材料,我才无意中看到父亲单位的上调材料,里面说,父亲是"反党分子",已经被永远开除出党。

这"真相"对于十七岁的我,未免过于残酷了,就像一个晴天霹雳,隆隆地炸响在我的耳边。

恍恍惚惚地,我听见老师问我:哎,你怎么了?脸色那么白,不舒服吗?

那天,我不知道自己是怎么走回家的,只是,心里一点点儿地有些明白了:为什么我被待就业?为什么那红榜上没有我的名字?

那种困惑和迷茫无法对任何人说,我因此变得忧郁和心事重重。

铁生心里的谜团,也是直到有一天,爸爸和他谈话,正式和他谈到奶奶的身世和"成分",他才明白,奶奶的问题并没有因为八子拍着胸脯保证而消失。

"你知道奶奶的成分是什么吗?"爸爸问。

铁生觉得脑袋"轰"的一声,心里发紧。

那句话,那时候的人都懂,是指出身,指一个人所属的阶级和阶层。

"你大概已经知道了吧?"见他并不回答,父亲又问。

铁生不吭声,什么话也说不出来。

从父亲的叙述里,铁生大致知道了奶奶的身世。

在《奶奶的星星》里,铁生对奶奶的命运有极其详细的描述。

奶奶的祖籍在涿州,娘家是做小买卖的,开着只有一间半门脸的小铺,卖棉花兼弹棉花。

十六七岁的时候,奶奶出落得水灵灵的,她的父母立志把她嫁到一个富贵人家去,他们也是为了女儿"好"。

他们所谓的好,就是富贵、风光和脸面。

那个年代,一个女孩儿除了长得端庄美丽之外,还要有一双符合那个年代审美情趣的小脚,越小越好,还要会做各种针线活儿,会伺候公婆,会照顾男人……

所以,女孩儿不需要读书识字,不需要有文化,只要长得好,只要忍得了痛缠一双粽子般的小脚,只需要低眉顺眼、谦恭温顺、忍气吞声,就有机会攀上一门好亲事,进入豪门富家,做一个穿金戴银的少奶奶。

十七岁那一年,铁生的奶奶嫁到了本县的史家。

当时,史家是全县的首富,县里将近一半的土地都姓"史",奶奶的父母觉得总算对得起自己的女儿了。

至于,婚姻是否和谐,婚后是否幸福,那就是她的"命"了。

奶奶当年未必对爱情、婚姻没有憧憬和幻想。

但是,奶奶的"命不好",上有公婆,下有一群小叔子和小姑子,公婆之上还有老公公、老婆婆。

我们完全可以想象得出来,一个十七岁、在父母面前娇生惯养的女孩子,一下子就要伺候这么一大家子人。那么多的规矩,那么多的事情,被呼来喝去的,完全就像一个不花钱随便使唤的丫头。

我记得易中天曾经在他的《中国的男人和女人》一书中对这样的女性命运有过精辟的描述。他说:别人家的媳妇并不好当,"受苦受累是她的责任,挨打挨骂是她的义务,权利则是没有的。能不挨打骂便是她的福气,能不被休弃便是她的造化。其次,她不仅要充当丈夫的奴仆,而且要充当夫家所有人的奴仆,她不仅要看丈夫的脸色,而且要看其他人尤其是婆婆的脸色。这不但使她战战兢兢,而且会使她无所适从,因为丈夫和婆婆的要求、愿望、意志并不完全相同,结果很可能是起晚了得罪公婆,起早了又得罪丈夫,犹如风箱里的老鼠——两头受气"。

铁生的奶奶心里得有多少难堪,多少委屈啊!

她想哭的时候怎么办?她有心事想诉说的时候怎么办?她要是生病了呢?

在那深宅大院里,父母都不在身边,那又是怎样的凄凉和无助?

"你看过巴金的《家》吗?"爸爸又问铁生。

铁生点点头。

父亲说:"就是那样,那种大家庭都是那样儿。奶奶每天总得伺候全家人都吃了饭,自己才能吃,奶奶吃的永远都是剩饭。"

铁生愤愤不平地想,奶奶还真不如被他们家轰出去呢,那样奶奶现在也不是地主了。

"你还记得《家》里面的瑞珏是怎么死的吗?"

父亲告诉铁生:"奶奶生第一个孩子的时候就是那样,老公公、老婆婆不让找大夫,更甭说去医院了,他们舍不得花那份钱……"

铁生想起来了,他常听奶奶说起自己头生而夭折的闺女:"模样可俊了,要不是你们老史家,那孩子何至于死啊?"

奶奶喜欢女孩儿,一看见别人的女孩儿就眼热,就想起自己那个死了的闺女。

所以,她对铁生的妈妈特别好,在心里把她当成自己的亲闺女。

铁生写道,后来,奶奶为史家生了三个儿子,就是他的伯父、叔叔和父亲,父亲排行第二。

最小的叔叔还没满一岁,爷爷就去世了。爷爷一死,奶奶在那个大家庭里的境遇就可想而知了。

奶奶真想离开那个家。

奶奶有一个表妹,上过学,有文化,不堪忍受这样的日子,从封建家庭里跑出去,参加了共产党,还有了工作,甚至爱情。

奶奶肯定暗地里偷偷羡慕这个表妹的勇敢,但是,奶奶往哪儿跑啊?就算她知道往哪儿跑,她也舍不得跑啊,她还有三个年幼的儿子呢,她怎么能狠心扔下他们不管啊!

无论多么难多么苦,她也要把三个孩子养大成人。

这就是奶奶的理想,是支撑奶奶人生的最大信念。

奶奶就凭这个信念,从二十几岁一直守寡,苦熬了半个多世纪。

也许,奶奶从自己切身的苦和那个表妹身上认识到了读书识字有多么重要,她坚持让三个儿子都上学,而且都要上到大学。

为了儿子们读书的权利,奶奶从一个逆来顺受的人变得勇敢抗争——她全部的心愿就是她的儿子,她害怕她的三个儿子将来都跟自己似的,眼里一摸黑。她只知道,自己的表妹好,就是因为上学,她不知道别的⋯⋯

铁生想起奶奶夜里睁着眼睛想心事的样子,奶奶叹气的声音,想起奶奶那双只能看见一个脚趾和脚后跟的畸形的小脚,想起奶奶捧着爸爸给她买的扫盲课本,在灯下认真地一字一字地念,想起她总是把"吼声"念成"孔声"⋯⋯

想着这些,铁生觉得心里一阵阵发疼。

"奶奶干吗算地主?"他问父亲。

"她吃了剥削饭。"

"那她给老史家干活儿就不算了?"

铁生从心里为奶奶抱不平:凭什么啊?

爸爸说:"现在,奶奶早就不算地主了,奶奶改造得好,早摘掉地主的帽子了。再说了,奶奶干吗不爱新社会啊?奶奶这一辈子,真正过上舒心的日子,就是在解放后。"

铁生听爸爸这么说,心里大大松了一口气。

铁生说:"奶奶知道爸爸、妈妈把她的事告诉了我,见我还有些难为情,又说要给我包扁豆馅饺子,小心地注意着我的反应。我心里又高兴又难过,不知道说什么好,只说:'包吧。'语气倒像是很勉强。"

铁生说:"奶奶转悠来转悠去,不说话,偷偷地观察着我的表情。我一看她,她就又把目光躲开……直到晚上睡觉的时候,我又把头扎在奶奶的脖子底下。"

"这么大了还……没臊。"

他觉得奶奶好像松了一口气:这个大孙子,没有因为自己是地主而不爱自己。

铁生有些酸楚地写道:"奶奶的观察力实在是末流的,她难道没有注意到,我有好几年没有把头扎在她的脖子下了吗?"

这一阵子先不要回家

"文化大革命"一开始,铁生说:"奶奶又戴上了一顶帽子,不叫地主,叫摘帽地主,其实和地主一样,占黑五类之首。"

奶奶先是不能再做补花了,社会主义的工作怎么能给一个地主呢?奶奶也不能当院子里的卫生负责人了。

这些,曾经是奶奶多么珍惜的"待遇"和"荣誉",因为这说明她和大家伙儿一样,也是靠劳动吃饭。

这让奶奶的心情特别舒畅。

奶奶坚持做补花,有时,人家的活儿催得紧,奶奶得熬夜做,急得她像小学生完不成作业那样。

有一次,铁生听妈妈对奶奶说:"我看您还是辞了这个活儿吧。"妈妈心疼奶奶:"再说,家里也不指望那几个钱。"

奶奶一下就急了:"敢情你们都有工作。"

奶奶从来没有和妈妈急过,吓得爸爸妈妈都不敢说什么了。

先前,奶奶天天给全家做饭,还做补花,还要负责全院的清洁卫生,是全院的卫生负责人。

奶奶可稀罕呢,这说明大伙儿信任她,说明她和别人一个样!

铁生还记得别人把写了奶奶名字的小红纸条贴在院门上时,奶奶是多么不好意思,却又掩饰不住心里的欢喜。

为了八子家的卫生检查总不合格,奶奶还得罪了八子妈呢。八子妈讽刺奶奶"铁面无私"。

奶奶的腰和背老是酸疼,那多半是奶奶年轻时落下的病根。

奶奶就买了一把长扫把,这样扫地的时候就用不着弯腰了。

铁生说:"早晨,人们纷纷出门上班的时候,奶奶去扫院门前的街道,和所有过往的街坊们打招呼,她愿意被人们看见。说她爱虚荣也行,说她是显摆也对,她把门前扫得很干净。然后她就冲八子和我喊:'可别再糟蹋啦,啊?奶奶刚扫完!'确实是喊给别人听的,但那声音中也确实流露着舒心的骄傲。"

可是,"文化大革命"一来,奶奶就又被剥夺了劳动的权利和快乐。

奶奶没哭,奶奶是被吓傻了,爸爸妈妈也被吓傻了。

铁生说,院子里种的花都被当作"封资修"的东西给刨了,那些鲜艳美丽的花朵和叶子倒在尘埃里,很快就被太阳晒蔫了。

有人把自己家的大立柜抬到院子中间给劈了。

铁生的爸爸也在屋里偷偷烧了几本书。

奶奶也无心做饭了,整天躲在屋子里,掀开一角窗帘往外看。

人心惶惶。

听说,垃圾里发现了好几根金条。

街道积极分子们都怀疑是这个院里的人扔的,一是院子离垃圾站最近,二是院子里的邻居,除了八子家的成分好,其余人家都是黑五类,所以嫌疑最大。

妈妈让铁生回学校去住。

妈妈嘱咐说:"这一阵子先不要回家,有什么事我去找你。"妈妈给了铁生三十块钱、六十斤粮票。

关于那天的事情,铁生这样回忆:"晚上,我蹬上我那辆破自行车去学校。我兜里第一次揣了那么多钱、那么多粮票。路上冷冷清清的。已经是秋天了。自行车轧在干黄的枯叶上'嚓嚓'地响。路灯的光线很黑暗,影子从车轮下伸出来,变长,变长,又消失了。我好像一时忘记了奶奶,只想着回到学校里该怎么办。那条路很长,全是落叶……"

一天,妈妈到学校找到铁生,告诉他,怕出事,和爸爸商量,前天把奶奶送回老家了。妈妈说:"过些时候,我就去看你奶奶,再给她送些东西去。"

铁生那时年轻,还不懂得体会奶奶走的时候,没有见到自己最疼爱的大孙子,是怎样一种凄凉、无奈和仓皇的心情。

他诚实地写道:"我倒是松了一口气。那些天听说了好几起打死人的事了。不过坦白地说,我松了一口气的原因还有一个:奶奶不在了,别人也许就不会知道我是跟着奶奶长大的了。我生怕班里的红卫兵知道了这一点,算我是地主出身。"

后来,铁生为了取东西偷偷回了一次家,院子里已经面目全非了,花都没了,地被刨得乱七八糟的,每棵树上都钉了一个语录牌。八子家搬走了,因为成分好,搬到一个被轰走的资本家的住房里去了,院里搬来好几家新邻居。

铁生用忧伤的笔调这样描述:"我走进屋里,才又想到,奶奶走了。屋里的东西归置得很整齐,只是落满了灰尘。奶奶不在了。奶奶在的时候从来没有灰尘。那个小线笸箩还在床上,里面是一绺绺彩色的丝线,是奶奶做补花用的。我一直默默地坐着。天黑了。是阴天,没有星星。奶奶这会儿在哪儿呢? 干什么呢? 屋里没有别人,我哭了。我想起小时候,别人对奶奶说:'奶奶带起来的,长大了也忘不了奶奶。'奶奶笑笑说:'等不到那会儿哟!'……海棠树的叶子落光了,没有星星。世界好像变了个样子……"

和奶奶在一起的那些日子如此宝贵,一定是铁生在日后万劫不复的灾难中经常回忆的。

在他的生命遭遇黑夜的时候,奶奶就是他天空中一颗闪亮的星星,虽然光亮微弱,却是一个清明的所在。

第二章
遥远的清平湾

看来差别永远是要有的。看来就只好接受苦难——人类的全部剧目需要它,存在的本身需要它。看来上帝又一次对了。

于是就有一个最令人绝望的结论等在这里:由谁去充任那些苦难的角色?又由谁去体现这世间的幸福、骄傲和欢乐?只好听凭偶然,是没有道理好讲的。

就命运而言,休论公道。

那么,一切不幸命运的救赎之路在哪里呢?

——史铁生

离开北京的那一天

　　我常常觉得,每个人的生命就像一条河流,有的波光粼粼,有的浊浪滔滔,有的行到半路就枯竭了,有的则径直流向大海,那应该算是河流善始善终的归宿了吧。

　　河流,笔直的少,基本都是浩浩荡荡、蜿蜒流淌,也有如黄河九曲十八弯的,那必是波澜壮阔、惊心动魄的一生。

　　中学毕业后,铁生和同学们一起到陕北农村插队。

　　他们离开北京的那一天是1969年1月17日,铁生刚刚过完十八岁生日。

　　那时候,只有红五类家庭出身的孩子有希望留在北京的工厂,而有家庭问题的孩子则必须到农村接受劳动改造和贫下中农的再教育,做一个"可以改造好的子女"。

　　走的时候,虽然学校和大人们都告诫他们要有扎根农村一辈子的决心和准备,但是十几岁的孩子很难体会到什么是一辈子的事。走的那天,铁生当时的感觉就好像要到某个地方去玩儿,还隐隐有些期待和兴奋。

　　他回忆那天,他和一个要好的男同学勾肩搭背地在月台上溜达,用取笑别人的眼泪和哭相来表示自己的满不在乎,还共同分吃了一盒果脯,然后把那个塑胶盒子扔到月台下面。

直到火车开动了,他还觉得自己是到一个什么地方去参观旅游。

火车昼夜兼程,跋山涉水,他们这才对离家对距离对地理上曾经描述的中国的"幅员广大"有了一个感性的认识。

铁生和同学插队的地方离北京有几千里地,他形容说"坐了火车再坐火车,倒了汽车再倒汽车,最后,还有几十里山路连汽车都不通,要靠步行到达"。

从小生长在北京城里的他,第一次看到了什么是天地沉寂,什么是原始一样的苍凉。

这段经历,铁生在其散文名篇《我的遥远的清平湾》中有过极为生动的回忆和描述。

我通过有关资料了解到,铁生插队的地方实际上叫关家庄,那为什么又叫清平湾呢?

"因为村前的河叫清平河,清平河冲流淤积出的一道川叫清平川。清平川蜿蜒百余里,串联起几十个村落。"就因为这条河,人们渐渐习惯把关家庄叫作清平湾。

我想,或许在那个到处是遮天黄土的地方,水,哪怕是和水有关系的字,也都会让人生出一点儿浪漫或者向往来吧。

清平湾就比关家庄这个只能让人想到土和土地的名字显得轻巧许多,而且朗朗上口。

时间久了,关家庄就渐渐在人们的口中变成了清平湾。

清平河在大山前转弯东去,经过七八十里才到县城,再流淌几十里就到了黄河边,那时候,所谓的清平河已经变成一股细流,顺着陡峭的崖壁,无声无息地注入黄河。

对于命运的残酷无情，他浑然不知

刚去的时候，铁生以新鲜、乐观的心情观赏那些景色，所以，在他的眼里和文字里，这些景色都带着几分诗意之美：

站在山顶上，黄土蓝天下，清平河就像一条金色闪光的带子，半山腰有几十眼窑洞，炊烟袅袅，淡蓝的烟雾缓缓升上蓝天，隐隐约约可以看见家家窑外悬挂着的成串的红辣椒，在一片土黄色里格外鲜艳夺目。

大人喊小孩儿哭，石碾子的声音，马和驴的叫声，狗吠声，鸡鸣声，声声入耳，一片沸腾。

有云朵飘过来，遮住了阳光，几座山峁就忽地暗淡了，山景如一幅素雅的水墨丹青，不大工夫，太阳又钻出云层，骤然将那些山峁映照得辉煌灿烂，瞬间变幻无穷。

这一切让铁生惊叹不已，他曾经天真地想：要是在这里生活一辈子也还不错。

他其实还像一个站在岸边的潜水者，没有扎过猛子，没有呛过水，不知道这水到底有多深，浪有多大。

他对于命运的残酷无情浑然不知。

另一位作家王小波在谈到农村插队时说过这样的话:"插队的生活是艰苦的,吃不饱,水土不服,很多人得了病,但是最大的痛苦是没有书看。"

当铁生参与了那里的生活,不再是一个旁观者的时候,他就真切体会到:"清平湾真是一个苦地方。"

那种苦在铁生的文字里有最真实的描述:"我们那个地方虽然也还算是黄土高原,却只有黄土,见不到真正的平坦的塬地了。由于洪水年年吞噬,塬地总在塌方,顺着沟、渠、小河,流进了黄河。从洛川再往北,全是一座座黄的山峁或一道道黄的山梁,绵延不断。树很少,少到哪座山上有几棵什么树,老乡们都记得清清楚楚,只有打新窑或是做棺木的时候,才放倒一两棵。碗口粗的柏树就稀罕得不得了。要是谁能做上一口薄柏木板的棺材,大伙儿就都佩服,方圆几十里内都会传开。"

铁生说:"越是穷地方,农活也越重。春天播种,夏天收麦,秋天玉米、高粱、谷子都熟了,更忙;冬天打坝、修梯田,总不得闲。单说春种吧,往山上送粪全靠人挑。一担粪六七十斤,一早上就得送四五趟,挣两个工分,合六分钱。在北京,才够买两根冰棍儿的。那地方当然没有冰棍儿,在山上干活渴急了,什么水都喝。天不亮,耕地的人们就扛着木犁、赶着牛上山了。太阳出来,已经耕完了几垧地。火红的太阳把牛和人的影子长长地印在山坡上,扶犁的后面跟着撒粪的,撒粪的后面跟着点籽的,点籽的后面是打土坷垃的,一行人慢慢地、有节奏地向前移动,随着那悠长的吆牛声。吆牛声有时疲惫、凄婉,有时又欢快、诙谐,引动一片笑声。那情景几乎使我忘记自己是生活在哪个世纪,默默地想着人类遥远而漫长的历史。人类好像就是这么走过来的。"

陕北有一首流传很广的民歌:崖畔上开花崖畔上红,受苦人盼着那好光景。

铁生说:"我们那地方突出的特点是穷,穷山穷水,'好光景'永远是'受苦人'的一种盼望。"

"天快黑的时候,进山寻野菜的孩子们也都回村了,大的拉着小的,小的扯着更小的,每人的臂弯里都扤着个小篮儿,装的苦菜、苋菜或者小蒜、蘑菇……"

他们跟在牛群的后面,一边吵闹着说笑着,一边争抢着把地上的牛粪撮回自家的窑里去。

在这些生动的描述里,我们只看到了原始的劳作、精神与物质的双重贫乏、身体的疲惫以及看不到未来的现实。

在那些单调和劳累的日子里,铁生可能会时常想念奶奶,惦记年迈的奶奶在老家怎样生活。

有一天,铁生接到妈妈的来信,说奶奶回来了。奶奶岁数太大了,农村没有她干的活儿。再说,公社给开了证明,说奶奶改造得好,非常老实。

所以,奶奶又在北京落下了户口。

清明节的时候，他病倒了

铁生从1969年插队，大约干了一年农活儿。

清明节的时候，他病倒了，腰腿疼得很厉害。

谁也没有把这特别当个事，都以为不过是北京的学生有些水土不服罢了，再说，谁还能不生病呢？连铁生自己也只以为是坐骨神经痛或者腰肌劳损。

那时候，这都是很平常的病，很多人都有这种病。

谁都没有想到这病最后竟发展得那么厉害。

陕北的清明前后最爱刮风，刮得天和地一片惨淡，太阳像个白蒙蒙的纸灯笼，有气无力地悬挂在天上，天和地都成了昏黄色。

铁生对当时发生的情景记忆犹新：

那天，他一个人躺在土炕上，茫然听着风扬起的沙子大把大把地摔在窗纸上，发出"唰啦啦"单调又烦人的声音。

生产队长推开窑门来看望他。

陕北有一个风俗，清明节前一天，也叫"寒食节"，家家都要蒸白馍，再穷也要蒸。这是娃娃们最高兴的事了，是一件大事。

那种白馍，浮头用的是头两茬面，很白，里头都是黑面，把麸子也全都磨了进去。后来，铁生和知青们才知道，那是为了纪念一个距离现在两千多年的叫介子推的人。

春秋时候,重耳被立为国君之前,被迫逃亡十九年。在最艰难的时刻,追随他的义士介子推割下自己腿上的肉为他熬汤。

重耳后来成为晋国国君,史称晋文公,并为追随他的人论功行赏。

介子推志不在此,背着母亲一同隐居山林。

晋文公亲自带人去请,无果,知他是孝子,为逼他出来,就放火烧山。

介子推不从,抱树而死。

大火绵延数里,火烧三日才熄。

文公大哭一场,并将此山改为介山。

后人为纪念介子推,故有"寒食节"之说。

铁生说,队长进窑洞之后,先把一碗馍放在炕沿上,看着他吃,不说话,只吧嗒吧嗒地抽旱烟,窑洞里弥漫着烟草特有的甜丝丝的香气,队长皱纹纵横交错的脸笼罩在白色的烟雾中。

看他吃完那碗馍,队长站起来,吹吹烟袋锅,叹口气说:唉,"心儿"家怪不容易,离家远。

在陕北的方言里,"心儿"就是孩子、娃娃的意思。

后来,队里再开会时,队长就提议让铁生别干农活儿了,跟着喂牛的白老汉去喂牛。

大伙都赞成。

见了铁生都说,年轻轻的,可不敢坐下病,好好价把咱的牛喂上。

铁生毫不见外地说:"在那个地方,担粪、砍柴、挑水、清明磨豆腐、端午做凉粉、出麻油、打窑洞……全靠自己动手。腰腿可是劳动的本钱,唯一能够代替人力的牛简直是宝贝。"

老乡把自己视为命和宝贝的工作交给铁生,他心里很感动,嘴上却说不出什么。他知道,行动是最好的语言,老乡可不看嘴,不看你能说不能说。

老乡善良,让铁生放牛本是好意,也是信得过他。

他和白老汉各人负责喂十头牛,在同一个饲养场里。

"白"在陕北话里发"破"的音,所以,铁生就管白老汉叫"破老汉"。

阅读铁生平实而朴素的文字,当年的情景历历在目:

村子最高处有一大片平地,那就是他们队里的饲养场,两排牛棚,三眼堆放草料的破石窑。

夏天闲着的时候,他就和破老汉坐在饲养场前面的窑顶上。破老汉一袋一袋地抽烟。

清平河水哗啦啦地整日整夜地响着,在村前拐了一个弯,形成一个不大的水潭。河湾的一边是石崖,另一边是一片开阔的河滩。

铁生看着一群孩子光着屁股在那里折腾,扑通扑通,像饺子下锅似的往水潭里跳。他们嘻嘻哈哈、无忧无虑的天真和并不为愁苦所缠绕的单纯,都让铁生羡慕不已。

那真是"少年不知愁滋味"啊。

铁生想起自己的病,心里愁得不行。农村缺医少药,自己到底怎么办呢?也不敢跟家里说。

水声沸腾,孩子们一阵欢呼雀跃,打断了铁生的思绪。他向河滩望去,见一个黑瘦的孩子从水里冒出来,一手抹着脸上的水珠,一手高举着他摸到的一只鳖,孩子们又争又抢,又笑又嚷,几乎闹翻了天。

铁生看得忍不住笑了,暂时忘记了自己的忧愁。

破老汉深深地吸了一口烟,说道:"'心儿'家不晓得愁。"然后,就吹吹烟袋锅,哑着嗓子唱起来:"提起那家来,家有名,家住在绥德三十里铺村……"

那嘶哑的嗓音,苍凉的唱腔,激起了铁生对北京、对家和奶奶的强烈思念。

在山上放牛的日子

　　破老汉告诉铁生,他年轻的时候也当过吹手,居无定所,结伙四处串,混口饭吃。碰巧谁家有红白喜事,就被请去"呜里哇啦"地吹一整天,那或欢快或忧伤的唢呐声,激越悠扬,在大山里传得很远很远——他们则饥一顿饱一顿的,还常受冻,要是没人请,夜里就得像王宝钏一样住寒窑。

　　真正是,受的牛马苦,吃的猪狗饭。

　　老乡都说,陕北民歌,破老汉爱唱,也唱得好。

　　知青们不屑:就破老汉那破锣嗓子?

　　老乡们说,这你们就不懂了,老汉的日子熬煎咧,人愁了才唱得好山歌。

　　铁生就有了一点儿醒悟,明白陕北的民歌以及那如泣如诉的唢呐声,为什么欢快的时候也总是那么苍凉,那么撕心裂肺的。

　　老乡说,但是一唱出来,人就快活了。

　　有道理。

　　钟不平则鸣啊,唱山歌很可能就是人们面对困苦生活的一种宣泄方式。

　　破老汉只带着一个七八岁叫留小儿的孙女过,那么小的孩子,两个人的饭都差不多是由她来做的。

铁生说,有时候,他和破老汉早晨赶着牛出村,破老汉用故意憋细了的嗓子唱那首有名的陕北民歌《走西口》:哥哥你走西口,小妹妹也难留,手拉着哥哥的手,送哥哥到大门口……

看到他们,场院上正干活儿的婆姨、女子们就嘻嘻哈哈地冲铁生喊:让老汉唱个《光棍哭妻》嘛,老汉唱得可美!

破老汉只当没听见,曲调一转,唱起了《女儿嫁》:一更里叮当响,小哥哥进了我的绣房……

婆姨女子们就又笑又骂,破老汉冲铁生眨眨眼,在路边撅根柳条,一路赶牛一路唱。

牛是长腿的,一群牛二十头,就有八十条腿,要看住这八十条腿,可不是什么简单的事。

但是铁生在《我的遥远的清平湾》里把那种苦也描述得十分生动和乐观:

> 把牛赶到山里,正是晌午。太阳把黄土烤得发红,要冒火似的。草丛里不知名的小虫子"嗞——嗞——"地叫。群山也显得疲乏,无精打采地互相挨靠着。方圆十几里内只有我和破老汉,只有我们的吆牛声。哪儿有泉水,破老汉都知道;几镢头挖成一个小土坑,一会儿坑里就积起了水。细珠子似的小水泡一串串地往上冒,水很小,又凉又甜。
>
> 夏天拦牛可不清闲,好草都长在田边,离庄稼很近。我们东奔西跑地吆喝着、骂着。破老汉骂牛就像骂人,爹、娘、八辈祖宗,骂得那么亲热。稍不留神,哪个狡猾的家伙就会偷吃了田苗。

铁生慢慢了解到,牛也和人一样,都有自己的脾气和性格,有傻

陕北插队时的史铁生

> 夏天拦牛可不清闲，好草都长在田边，离庄稼很近。我们东奔西跑地吆喝着、骂着。破老汉骂牛就像骂人，爹、娘、八辈祖宗，骂得那么亲热。稍不留神，哪个狡猾的家伙就会偷吃了田苗。

有精。

有头老黑牛,上了一把年纪,算得上"老奸巨猾",它能把野草和麦苗分得一清二楚。有时候,它假装吃田边的草,眼睛悄悄溜着铁生。铁生看着它的时候,它就乖乖地吃草,仿佛对那些香甜诱人的麦苗毫不动心。铁生稍一不注意,它瞅准机会,叼上一棵小苗转头就走。

铁生又好气又好笑,就和他"斗智斗勇":看它接近田苗时,铁生故意不看它,等它正要伸嘴啃麦苗时,就大吼一声,吓得老黑牛慌忙后退,打着趔趄。那看上去既惊慌又愧疚的样子,铁生又觉得可怜。

他感慨道,陕北的人苦,牛也苦。

他说,有时候,看它们干完农活,累得身子直打晃,草在嘴边也不想吃;有时候,又争抢着舔地上渗出来的盐碱。他好几次都想用家里寄来的钱给它们买盐吃。

铁生那时年轻,正是长身体的年龄,有时放牛进山就是一整天,什么时候困倦了,他就在山洼里睡一觉。

那山风多硬啊。

他每天晚上都要和破老汉在饲养场待到夜里十一二点,一遍遍给牛添草。添草要勤,不能偷懒,一次不能添太多。

破老汉用牛吃剩下的草疙瘩打起一堆火来,干草燃烧的时候"噼里啪啦"地响。有时草湿,就"嗞嗞"地冒烟,呛得破老汉像刺猬一样"吭吭"地咳嗽。

铁生坐在火堆旁,那火光照亮了饲养场,照着吃草的牛。

那情景,凡山里的人或者插过队的人都能够描述和想象:

天上的星星又大又亮,像一颗颗钻石,镶嵌在黑蓝色天鹅绒一样的夜空上。

那样的时刻,四周的群山显得更高,黑黢黢的。

山里的夜晚真是静极了,只听见牛嚼草料的声音,吃得那么香,咔嚓咔嚓的。

铁生喜欢听牛吃夜草的声音。

草丛里，石头缝隙里，窑洞的墙角处，不时传出蛐蛐和一些小虫不知疲倦的叫声。

偶尔，远处还传来狼嗥，那声音很瘆人，让有点儿犯困的铁生忍不住一激灵，困意全消。

看破老汉，却毫不在意，说，这声音远着呢。再说，狼那种东西最怕火了。

他拨拨火堆，又添几根树枝，那火苗就腾腾地冒起来，被山风吹得扑扑响。火苗跳跃着，把破老汉沧桑的脸都映照得红光闪闪。

他拿着那把破胡琴，吱歪吱歪地自拉自唱，自娱自乐。

铁生说，破老汉把留小儿一个孩子放在窑洞里不放心，就每天带上她，给她小手绢里包一把玉米粒或者两块小红薯。

铁生望着孩子天真的笑脸，生出恻隐之心。

他听村里人说过，这孩子的大死得惨。据说，是因为破老汉舍不得多给大夫送些礼，才把儿子的病给耽误了。人们都说，其实，送十来斤小米或者面就行，但破老汉就是不肯。

这事铁生没法证实，村里的人嘱咐他，可不敢问破老汉，他一想起就哭，还狠狠地打自己的嘴巴。

把红薯或者玉米粒埋在烧尽了的热草灰里，捡一根小树枝不停地拨拉，一会儿就"啪"地一响，爆出一个香喷喷的玉米花来，空气里有玉米的香气和留小儿尖细的笑声。

需要耐心再多等一会儿，就又传出烤熟的红薯的香甜味儿。

拨开热乎乎的草灰，把红薯拿在手里，烫得在两只手里倒换着，掰开焦黄的皮，露出里面又热又软的红瓤，吃起来真甜。

留小儿的话特别多，北京的一切都让她感到新奇。

"北京真个是在窑里看电影？"

留小儿只在河滩上看过露天电影，她实在想不出来在窑洞里怎么看电影。

铁生说:"那叫电影院。"

"前回你说在窑里。"

"那是看电视,在一个方匣匣里。"

孩子歪着头,认真想了一会儿,估计是想象不出来,又问起一个感兴趣的问题:"啥时想吃肉就吃?"

"嗯。"

"玄谎。"

"真的。"

"成天价想吃呢?"

"那就成天价吃。"

她最常问的还是天安门。

有一次,她趁破老汉摇头晃脑唱"闯王领兵下河东"时,趴在铁生的耳边说:"你冬里回北京把我引上行不?"

"就怕你爷爷不让。"

"你跟他说说嘛,他可相信你说的了。盘缠我有。"

"你哪儿来的钱?"

孩子掏出一个小布包,里面都是一毛、两毛的零钱。

一共八块半呢。

孩子说,是爷爷卖鸡蛋的钱,爷爷不要,给我留着买褂褂穿的。

铁生暗暗想,等冬天回北京的时候就把留小儿带上。他可能还想,带她去看看北京的天安门和长安街,让奶奶给她炖肉,还让留小儿尝尝奶奶包的扁豆馅的饺子香不香。

为了一碗杂面条

破老汉有个弟弟,铁生就是顶替了他喂牛的。

那个人在村里名声不好,据说,偷过草料,还因为投机倒把蹲过县里的监狱。

但是,铁生对那个人的印象并不特别坏,他觉得这个人不过就是心思比别人灵活一些。

他自家的那点儿白面自个舍不得吃,就在笼屉里蒸了白面馍馍,放在口袋或者筐里,翻山越岭地跑几十里山路,到火车站向过往的人兜售,从里面多赚出几升高粱米或玉米面什么的。

有时候他还捉乌鸦或者其他什么鸟类,拔了毛,涂上调料,用土办法烤熟了,提到火车站卖。

火车在月台停靠的时候,他就装作卖烧鸡的,提着烤熟的乌鸦,大模大样地向车窗里的旅客推销。

反正,火车只停几分钟,等买的人发现有诈或者疑惑的时候,火车也开动起来了。

这样的人要到现在,很可能就是山里先富起来的人,心眼活泛,胆子大,还不怕吃苦。

但是,破老汉看不上弟弟,他喜欢实在、能吃苦的人。

山里人朴实，再穷也不做这样的事，所以，这个人算一个另类。

这样的人，队里怎么能把喂牛这么重要的事交给他呢。

在农闲的时候，村人中的一些手艺人，就会出门去要手艺，比如木匠、泥瓦匠，还有画匠。

老乡自家窑洞里都摆放着装衣物或者粮食的箱子。

一般是等木箱做好了，上了大红的漆，等红漆都干了，就在上面画些花鸟鱼虫，再写上几个富贵吉利的字。

要是请外来的画匠，画一对箱子要十几块钱呢，那对老乡来说可不是一笔小数。

铁生就自告奋勇为老乡们画木箱，他的美术才能在清华附中上学时就已经小有名气。

他说，他为老乡画木箱不要钱，只要别人帮他顶一天的工，再外加一顿杂面条。

铁生说："知青的灶上可做不出那么好吃的杂面条。"

老乡做的杂面条，宽宽的面条子，配上一种作料，再将山里采摘来的小野蒜在石臼里捣烂了，连同鲜红的辣子一起拌食，又香又辣又热乎，吃得满头冒汗，过后也回味无穷。

因为铁生画得好，有的老乡就舍不得自己用，悄悄担到集市上卖，回来悄悄告诉铁生，他画的箱子都卖了好价钱。

铁生高兴得意之余，也渐渐推脱。他明白，画一对箱子，老乡自家用，他还算为贫下中农做好事，拿到集市上去转手换钱，恐怕就不是好事了。

破老汉的弟弟不就是因为这，队里不让他放牛了吗？

所以，他再也吃不上那么好吃的杂面条了。

铁生渐渐地喜欢上这群如山里人一样默默受苦的牛，也喜欢上了喂牛。

铁生后来在《我的遥远的清平湾》里，几乎用赞美和诗意的文字

描述了这段难忘的岁月:

> 秋天,在山里拦牛简直是一种享受。庄稼都收完了,地里光秃秃的,山洼、沟掌里的荒草却长得茂盛。把牛往山沟里一轰,可以躺在沟门上睡觉;或是把牛赶上山,在下山的路口上坐下,看书。秋天的色彩也不再那么单调:半崖上小灌木的叶子红了,杜梨树的叶子黄了,酸枣棵子缀满了珊瑚珠似的小酸枣……尤其是山坡上绽开了一丛丛野花,淡蓝色的,一丛挨着一丛,雾蒙蒙的。灰色的小田鼠从黄土坷后面探头探脑;野鸽子从悬崖上的洞里钻出来,"扑棱棱"飞上天;野鸡"咕咕嘎嘎"地叫,时而出现在崖顶上,时而又钻进了草丛……我很奇怪,生活那么苦,竟然没人捕食这些小动物。……春天燕子飞来时,家家都把窗户打开,希望燕子到窑里来做窝;很多家窑里都住着一窝燕儿,没人伤害它们。

等到麦子都种完了,作为苦力的牛就都闲了下来。铁生就和破老汉整天在山里拦牛。

铁生说,山里人的日子可真叫苦,吃得难,烧得也难。有时候,破老汉为了一把烧火做饭的柴火,常常要攀上很高很陡峭的悬崖,奋力地劈砍小灌木,然后,唱着山歌,担着两捆柴回来。

铁生正是长身体的时候,除了贪睡、常常感觉到觉不够睡之外,就是对饥饿有了刻骨铭心的深切体会。

他常常感到饿,听到"饥肠响如鼓"。

他肯定在心里进行过"精神会餐",把好吃的东西,爱吃的北京小吃,都在心里默默想一遍。可惜,这么想之后,只感到饿得更加无法忍受。

有时候,他也学破老汉唱歌,用唱歌来分散注意力。

他搜刮了肚皮想那些歌词,有时候,也唱几句陕北的民歌。

但是,胃里还是饿。

真饿的时候,那胃里像被掏空了似的,仿佛胃壁在相互摩擦,浑身没劲儿,心里发慌,带来的那么一点儿粗糙的干粮也仿佛成了世界上最香甜的东西了。

有时候,他实在忍不住了,就把破老汉的那份干粮三口两口吃掉了。他知道,破老汉善良,不会为这事和他翻脸。他还知道,破老汉有办法找些能吃的东西。

山背洼处,有一棵高大的杜梨树。

他说,别看破老汉那时已经快六十岁了,爬树灵巧得像只猴子。他先甩掉脚上的两只破鞋,再往手掌里吐口唾沫,噌噌几下就站在树上,使劲把一权权结满了杜梨的树枝撅下来。铁生站在树下,仰着脸,满怀期望地等着,那如指甲盖一般大小的古铜色的小果子看上去十分诱人。

破老汉把树枝扔到铁生身边的空地上,铁生赶紧捡起来,用手撸下一把杜梨,迫不及待地往嘴里送。

那东西又酸又涩,铁生没吃几个,牙就酸倒了。

看铁生酸得眉毛眼睛都皱到了一块儿,破老汉乐了。

破老汉不怕酸,骑坐在树权上吃,吃得高兴了,还大声地唱起信天游来。

山里人异乎寻常的乐观和吃苦的精神,让铁生既感慨又感动:那些瘦小柔弱的身体里,蕴含着怎样的信念和力量,才能在这么艰难的环境里顽强地生存?

方圆十几里，看不到一个人

在寂寞的大山里，时光显得格外漫长。

但铁生说："在山里，有那些牛做伴，即便剩我一个人也并不寂寞。"

他能够半天半天地、饶有兴致地看着那些牛，它们的一举一动和它们的眼神意味着什么，铁生都能看懂。

牛也是有很强烈的母爱的。铁生说，太阳一偏西，那些奶着牛犊的母牛就无心吃草了，不停地叫唤，急得团团转，急着要回村了。

尤其分别了一天的母与子相见时，那情景常常让铁生感动，那叫一个母子情深，它们的叫声彼此呼应着，一声接一声，稚嫩的牛犊的叫声和母牛的叫声，此起彼伏。

铁生甚至能从它们不绝于耳、彼此呼唤的叫声里，听出它们热烈的思念和情感。

有一次，铁生说他因为困倦，在山洼洼里睡着了，醒过来的时候，太阳已经挨近了山顶，吆喝牛回村时，才发现少了一头牛。铁生慌了，要是把牛放丢了一头，这多丢人啊。怎么和老乡们交代啊？说自己睡着了？而且，山里常有被水冲成的暗洞，牛一踩上去，沉重的身子就会跌进暗洞的深处，就算摔不死也得受伤。

得知这事后,破老汉也一惊,吓了一大跳,随后脸上却堆起莫名其妙的笑容,看得铁生丈二和尚摸不着头脑:莫非……老汉急神经了?

破老汉慢慢悠悠地说:"没麻搭,它想儿了,回去了。"

铁生这才发现,少的是一头正奶牛犊子的母牛。

回村的时候,离饲养场还老远,铁生就听见母牛和小牛犊子一声接一声的呼唤声。小牛犊子们撒娇似的在母亲的肚子底下一撞一撞地吃奶,母牛的目光那么慈爱、温和,神态安详,有一种难以言传的满足感。

铁生像熟悉自己的伙伴一样熟悉每头牛的性格。他觉得,和牛在一起,也是其乐无穷了。

或者说,是自得其乐。

"不然,怎么办呢?方圆十几里内,看不见一个人,全是山。偶尔有拦羊的从山梁上走过,冲我呐喊两声。黑色的山羊在陡峭的崖壁上走,如走平地,远远看去像是悬挂着的棋盘;白色的绵羊走在下边,是白棋子。山沟里有泉水,渴了就喝,热了就脱个精光,洗一通。那生活倒是自由自在,就是常常饿肚子。"

铁生最喜欢那头有粗壮的腿和高高肩峰的红犍子牛,力气特别大。它不是牛群的首领,但是,在铁生看来,它特别有首领的气度,两只长长的犄角,弯弯的,如两把锋利的月牙刀。

有时候在半路上,碰到别村牛群的挑衅,它毫不怯阵,用强壮无比的犄角把对方的首领逼得望风而逃。

铁生真为它骄傲,很偏爱它,总是在拌料的时候,多给它拌些犒劳它。铁生还是最讨厌那"老谋深算"、偷吃麦苗的大黑牛,讨厌它狡猾,讨厌它专横跋扈,讨厌它拉套都气喘吁吁的,却依然占着首领的位置。

尤其让铁生不能容忍的是,他特别喜欢和偏爱的红犍牛竟然敬畏这头老黑牛。这让铁生很不舒服,也百思不得其解。

老黑牛已经很老了,瘦得只剩下了骨头架子。

而自己钟爱的红犍牛正年轻力壮,虎虎生风,健步如飞,特别是肩峰高高耸起来,像小山似的,显得特别威风。

他承认,自己替红犍牛不服气,好几次怂恿它挑战老黑牛的权威和地位。

但是,"每次只要老黑牛晃晃犄角,红犍牛就立刻垂下头表示驯服"。

这让铁生又生气又失望。

看来,即使是动物,也有森严的不可轻易动摇的等级观念。

后来铁生才了解到,牛群的排座次,是根据一年一次进行的角斗。谁胜了,就被尊崇为这一年的首领,可以享有对全体母牛的特权。

即使它在这一年里因病或受伤变得弱了、老了,其他正当年的牛也慑于它的余威而不敢轻易造次。

铁生不禁感叹道:看来,习惯势力到处都起作用。

只有我和破老汉，没吃它的肉

因为有铁生的精彩文字，我们才能看到那大山深处的精彩决斗和鲜为人知的一切：

每年冬天，牛都闲着，有野心有优势的牛都在养精蓄锐，积攒"推翻权威"的勇气和力量。

铁生最喜欢的红犍牛正处于新秀的地位，很有些在开春跃跃欲试、篡权夺位的实力。

铁生看时机成熟，就想悄悄促成它们决斗。因为牛在决斗的时候非常骁勇狂暴，铁生为了安全起见，就瞒着破老汉把牛引到河滩上。

一开始，红犍牛被习惯性的力量束缚，还放不开手脚，但是，那些俊俏的母牛们或轻视或期待的目光给了它挑战权威的勇气。

前首领毕竟老迈，渐渐体力不支，有些不敢恋战。当它转身败走的时候，红犍牛追上去，用长犄角在老黑牛的屁股上狠狠刺了一下。

事后，破老汉看到老黑牛屁股上的伤，心疼得不得了，阴沉着脸对铁生说，现如今它老了，它救过人的命啊……

铁生听说过，那是一年的除夕夜，家家都在窑洞里喝米酒，吃油糕，过大年，破老汉猛然听到饲养场里传出牛的叫声，还夹杂着野狼瘆人的嚎叫。

破老汉顾不得其他了,抄起手边的家伙就往外跑。牛棚里有只刚出生的牛犊子,一定是它把饥饿狡猾的狼招来的。

狼可不比人傻,它也懂得抓住机会——就是这只黑牛和狼拼死搏斗,牛脸被狼的利爪抓得鲜血直流,血的腥气刺激得狼更加疯狂。黑牛奋力把狼顶到墙角,忍着剧痛,把犄角死死地插进狼的肚子。

当时,破老汉被这血腥而悲壮的场面惊呆了。

但破老汉说的是另一次:那年,村里的牛都快死光了,全凭这头黑牛和一头母牛,村里的牛才又多起来。

破老汉很怜惜地摸摸老黑牛的犄角。

这牛死了可不敢吃它的肉,得好好地埋了它。

可是,那曾经不可一世的老黑牛最终还是被拖到河滩上杀掉了。

那年冬天,老黑牛不小心踩上了山坡上的暗洞,摔断了腿。

以前,铁生听人说过,牛被杀的时候会哭。

他亲眼见过,是真的——那头老黑牛一直在默默地流眼泪,眼泪把脸上的毛全浸湿透了。

破老汉一直呆坐在老黑牛空荡荡的食槽前,不说话,只是一个劲地抽烟。

铁生说:"那天村里处处飘着肉香。"

铁生还说:"只有我和破老汉没有吃它的肉。"

说书的盲人

铁生一直记得这么一件让他感动也让他无限感慨的事。

那天夜里,铁生几次起来给牛添草,都发现:累了一天的牛都早早地卧下睡了,只有那头老黑牛一直站着,有些摇摇晃晃的,呼哧呼哧地喘着粗气。

铁生感到很奇怪,干了一天的活儿了,难道它不累吗?是不是生病了?

他走过去,摸摸牛的耳朵,这才发现,在老黑牛的肚子底下,卧着一只小牛犊子。

小牛犊子睡得正香,呼吸匀称,还响着微微的酣声。

铁生明白了老黑牛不卧下的原因,它如果轰然卧倒,肯定会压坏小牛犊子。

所以,尽管干了一天的活儿,尽管它已经累得直摇晃,自己还是坚持着。

铁生轻轻走上前去,把随便乱睡的小牛犊子赶开,让它回到自己该卧倒的地方。

老黑牛抬起湿润的大眼睛看了看铁生,好像对他无限感激,然后,就支撑不住似的"扑通"一声卧倒了。

想到这里,铁生心里直发烫,原来万事万物,包括动物,都有自己的原则和感情,心里便肃然起敬。

还有一次,铁生也是半夜起来去喂牛。

借着天上一缕淡淡的月光,铁生摸索着进到存放干草的窑里。

刚要揽草,忽地一下,从草堆里站起两个人来,铁生只吓得头皮发麻,大声地喊起来。这一喊,把那两个人也吓得够呛。

其中,一个年龄大些的连忙说:"别怕,我们不是坏人。"他的声音也在微微发着抖。

铁生定了定神,仔细看,那两个人是盲人,穿得破破烂烂的,也很单薄,连冷带吓,浑身都在瑟瑟发抖。

这时候,破老汉提着一盏马灯跑来了。听到铁生那嗓子几乎岔了声的喊,破老汉以为是狼来祸害牛了。

原来,这两个盲人是从绥德来的,走家串户地说书——天晚了,黑了,就摸进这座放草的土窑里,靠在草堆上,再抓几把草盖在身上遮寒。

他们原来打算天一亮就离开。

绥德,正是破老汉的家乡。见到老乡了,破老汉觉得格外亲近,就把两个盲人引到自己的窑里,给他们热水喝,还端出一些剩干粮让他们吃。

破老汉抽着烟,和两个老乡长吁短叹地唠嗑,整整唠了一宿,唠他们的命运,他们说书的经历,唠生活的艰难和不易。

第二天,由破老汉出面张罗和操持,全村人出钱请两个盲人说了一回书。

铁生说,那书其实说得乱七八糟的,一会儿是现代京戏里的李玉和与叛徒周旋,一会儿又是姜太公钓鱼愿者上钩,一会儿是古代的伍子胥一夜白头,一会儿又唱两段毛主席语录。

两个盲人似乎玩起了穿越,在古代和现代之间自由行走,听得人云山雾罩,又热血沸腾。

山村里难得这么热闹一回,一些妇女像什么重大节日似的,穿戴得齐齐整整的,坐在窑顶上。

铁生这样描写:"窑顶上,院墙上,磨盘上,坐的全是人,都听得入神……人们听的就是那么个调调儿。陕北的说书实际是唱,弹着三弦儿,哀哀怨怨地唱,如泣如诉,像是村前汩汩而流的清平河水。河水上跳动着月光。满山的高粱、谷子被晚风吹得沙沙响。时不时传来一阵响亮的驴叫。破老汉搂着留小儿坐在人堆里,小声跟着唱。"

那情景被铁生描写得栩栩如生,简直就像木刻版画一样深刻而隽永。

我猜想,这乡村里难忘的一幕以及那两个盲人的身影和命运,就是后来铁生著名小说《命若琴弦》的原型吧。

那小说的开头这样写:"莽莽苍苍的群山之中走着两个瞎子,一老一少,一前一后,两顶发了黑的草帽起伏攒动,匆匆忙忙,像是随着一条不安静的河水在漂流。无所谓从哪儿来,也无所谓到哪儿去,每人带一把三弦琴,说书为生。"

他的腿病，多半就是这么"落"下的

碰上下雨下雪，铁生就和破老汉躲进牛棚里。那牛棚里满地都是尿粪，阴冷而潮湿。

其实，喂牛也不需要特别的技术，用破老汉的话说就是：只要上心、肯吃苦就行。

喂牛不是力气活儿，不像田里的农活，需要下死力气。活儿不见得重，就是特别熬人。

牛和马都是不吃夜草不肥的大牲畜，每天夜里要起来好几趟，一年到头睡不成一个囫囵觉。

我在内蒙古插队的时候，夜里需要轮流起来值班，尤其是冬天，半夜从热被窝里爬出来，那滋味儿实在不好受。眼皮困得直打架，沉得抬不起来。听着外面呼呼的狂风怒吼声，把胳膊、腿、脚丫伸进冰凉的衣服和鞋子里，冻得一哆嗦。

尤其是五更天，一般这个时候，人的困意最浓，最难被叫醒，睡得最沉。

没点儿意志力还真不行。

铁生说，他给牛拌好料，看牛埋头吃得香，自己坐在牛槽边的青石板上困得能打好几个盹。

破老汉跟他唠叨着生活中种种的艰难和不易，什么黑市上粮价又涨了，什么留小儿的棉袄都烂得露出棉花了，什么……

看着铁生那受罪的样子，破老汉常常念叨着后生家正是好睡觉的时候，这营生熬人，真不是后生干的。

又说，要不回窑去睡吧，二次料我替你拌上。

铁生迷迷糊糊地应和着，恨不得就地躺下，哪怕睡上几分钟。

他说："刚梦见全聚德的烤鸭，还没吃上呢，又忽然掉进了什刹海的冰窟窿里。"

一激灵，他打个冷战，冻醒了，这才觉得寒气刺骨。

月亮也躲进山谷，只有星星还眨着不知道疲倦的眼。

偶尔，一道亮光闪过，划破大山漆黑的夜，随后，那夜越发得黑，越发得冷，铁生也越发觉得困……

我猜，铁生的病多半就是这么落下的。

我常常想，"上山下乡"对铁生究竟意味着什么呢？这三年的历练，这一千多天的日出日落、风声雨声，究竟给了他什么呢？

除了疾病彻底改变了他命运的轨迹之外，这几乎与外界隔离的山村以及山村的牛、人和事，究竟在他以后的生命里，留下了怎样的烙印和影响呢？

二十年后，他对当时的情景依然记忆犹新。

他说："二十年前插队的时候，我在偏远闭塞的陕北乡下，见过不少健康漂亮尤其聪慧超群的少年，当时我就想，他们要是生在一个恰当的地方他们必都会大有作为，无论他们做什么他们都必定成就非凡。但在那穷乡僻壤，吃饱肚子尚且是一件颇为荣耀的成绩，哪还有余力去奢想什么文化呢？所以他们没有机会上学，自然也没有书读，看不到报纸电视甚至很少看得到电影，他们完全不知道外面的世界是什么样子，便只能遵循了祖祖辈辈的老路，日出而作日入而息，春种秋收夏忙冬闲，日复一日年复一年。光阴如常地流逝，然后他们长

史铁生在陕北插队时与知青合影（后排左二为史铁生）

铁生在说这些话的时候，一定同时深情地想念着破老汉、老黑牛，想念和惦记着他的"遥远的清平湾"，那里的大山和土地上，都留下了他的足迹和他的青葱岁月。

大了,娶妻生子成家立业,才华逐步耗尽,变作纯朴而无梦想的汉子。然后,可以料到,他们也将如他们父辈一样地老去,唯单调的岁月在他们身上留下注定的痕迹,而人为什么要活这一回呢?却仍未在他们苍老的心里成为问题。然后,他们恐惧着、祈祷着、惊慌着,听命于死亡随意安排。再然后呢?再然后倘若那地方没有变化,他们的儿女们必定还是这样地长大、老去,磨钝了梦想,一代代去完成同样的过程。"

他还说:"不过现在我也还是相信,贫困的农村是需要知识青年的,需要科学,需要文化,需要人才……"

我相信,铁生在说这些话的时候,一定同时深情地想念着破老汉、老黑牛,想念和惦记着他的"遥远的清平湾",那里的大山和土地上,都留下了他的足迹和他的青葱岁月。

我想,从铁生奶奶的个人遭遇到众生的悲苦,从这些人沉重苦难的命运到他们那像大山一样的沉默、承当、忠厚和善良,一定都给了铁生深沉的震撼。那些黄土缓缓撒落在铁生的心里,孕育出他慈悲怜悯的情怀以及那些如黄土一样浑厚、宽广,如清平河水一样涓涓流淌的文字。

这是他创作的原生态,是他源源不断创作的灵感。

或许,从某种意义上说,没有插队,没有清平湾,就没有铁生字字珠玑的《我的遥远的清平湾》,也就没有后来的铁生。

这让我想起海里的珠贝,那一颗颗珠圆玉润的珍珠,其实是珠贝成年累月痛苦的结晶。

所以,我在阅读铁生的文字时,心里常常充满感激之情,因为他也如珠贝,成年累月忍受着常人难以忍受的痛苦,而我们却在无偿享用他思想的精华。

第三章

二十一岁那一年

二十一岁过去,我被朋友们抬着出了医院,这是我走进医院时怎么也没料到的。我没有死,也再不能走,对未来怀着希望也怀着恐惧。在以后的岁月里,还将有很多我料想不到的事发生,我仍旧有时候默念着"上帝保佑"而陷入茫然。但是有一天我认识了神,他有一个更为具体的名字——精神。在科学的迷茫之处,在命运的混沌之点,人唯有乞灵于自己的精神。不管我们信仰什么,都是我们自己的精神的描述和引导。

——史铁生

坐火车回到北京，已是深夜

1972年。

铁生的爸爸妈妈又到云南五七干校去了。

一天，铁生坐火车回到北京，已是半夜，又累又饿，他恨不得立刻就回到家里去，给奶奶一个惊喜。

又怕惊着奶奶。

何况，他要是敲院门，邻居们也都会被吵醒。

他忍耐着自己急迫的心，在火车站的候车室里坐了半宿。

虽然浑身都感到很疲乏，想好好睡一会儿，可就是睡不着，睁眼闭眼，眼前都晃动着奶奶的影子。上次奶奶被送回老家的时候，他正住在学校，根本没有见到奶奶。他想象着天亮见到奶奶的情景，想象着奶奶惊喜的表情，想象着奶奶会给他做什么好吃的……

想得一会儿微笑一会儿鼻子发酸。

他可能想了很多，就是没有想到会和奶奶在那样的情况下相见。

因为回家心切，他到家的时候天还没亮，试着推了推院门，院门开了。他心想，是谁这么早就出门了？刚才他可能还打算，假如院门还没开，自己就站在院门外多等会儿呢。

这么早，院门居然都开了，他既诧异又喜出望外。

院里的人还没起呢,很静,不知是谁家的屋里还传出很响的断断续续的打鼾声。

本来就不大的院子里,盖起了几间小厨房,显得过道更窄了。他抬头看看院子里的海棠树和梨树,树叶都被虫子咬得乱七八糟的,有的地方露出丝网似的叶脉。

走到自家门前,铁生却看见门上挂着锁。

他一愣,不知道奶奶这么早会去哪儿了?

北屋的门吱纽一声,一个邻居探了探头,认出来是铁生,赶紧说:"是你啊,你回来啦?你奶奶这两天净念叨你呢。"

铁生顾不上寒暄,连忙问:"我奶奶呢?这么早她能去哪儿啊?"

"没瞧见哪?你奶奶在外面扫街呢。"

铁生急忙跑出院子。

远远的晨雾中,有一个模模糊糊的人影,用长扫把在默默扫街。

他赶紧跑了过去。

铁生难过地回忆:"奶奶看见我可就立刻哭了。"

铁生的心里一热,什么话也没说出来。

他可能没有一点儿心理准备,没想到和奶奶见面竟然是这样的场景。

很多人还躺在温暖的被窝里睡觉呢,奶奶,一个七十岁瘦弱多病的老人,却在这里扫街道?

后来,铁生才知道,奶奶为什么这么早出来扫街——当年,奶奶是院子里的街道负责人,那是让奶奶很骄傲的事,所以奶奶每次扫街,都必在早晨大家都上班的时候。铁生还记得奶奶高兴地和每一个出门的人打招呼,因为奶奶觉得劳动光荣。而现在是以一个地主的身份扫街,是劳动改造,奶奶觉得灰头土脸的,出来进去的都是住了多少年的街坊熟人,脸上挂不住,可又不能不扫,所以就在每天天不亮、人们还在被窝里的时候出来扫街。

看着奶奶抹眼泪的样子,铁生的心里很疼,默默地搀扶着奶奶回家。

铁生想起妈妈写信跟他说,回了北京好好照顾奶奶,想办法给奶奶弄点儿好的吃。妈妈说,奶奶一个人的时候老是熬粥,吃馒头,炒白菜,她不愿意去买肉,怕让别人看见了,说她没有改造好,说她贪图享受,好逸恶劳。

铁生对奶奶说,肉铺里卖肉不就是为了让人吃的吗?再说了,革命不就是让人都过上好日子吗?

奶奶一本正经地说,可有些人连馒头、炒白菜都吃不上呢。老家的人,好些贫下中农还吃不饱呢不是?

铁生对奶奶开玩笑说,您可别这么说,您说现在贫下中农还吃不饱,那还行啊?

奶奶吓坏了,可不是,这要让别人听见,还了得啊?

看着奶奶戚戚然的神色,铁生有点儿后悔,瞧把奶奶吓的,这怎么能随便开玩笑啊?

他连忙哄奶奶说:"奶奶,咱们包扁豆馅的饺子吧,好不好?"

奶奶就像小孩儿似的又高兴了,掏出钱来让铁生去买肉馅。

我想象得出那难得的温馨一幕:

等热乎乎的饺子端上来,铁生用小碗给奶奶倒好醋,给奶奶拿了筷子,坐在奶奶身旁和奶奶一起吃饺子。奶奶包的扁豆馅饺子可真香!

"真香就多吃。"奶奶不停地给他往碗里夹饺子。

偷偷看着奶奶满足的样子,铁生好几次觉得鼻子发酸,眼睛发烫。他强忍着,不愿意让自己的情绪破坏这难得的安宁和幸福。

铁生和奶奶一边吃饺子一边聊天。

他安慰奶奶,说,您是什么人,老街坊们谁不知道啊?群众的眼睛可是亮的,您说对不对?

这话奶奶爱听,连连点头说,街坊邻居对自己都挺不错的,就连街道积极分子对她也不错,有人还偷偷劝她别把扫街的事太往心里去,还劝她年纪大了,扫街悠着点儿,累了就歇歇,比不了年轻人。

可人家越这样说,奶奶干活儿越要强,不想让那些对她好的人失望。

奶奶问铁生:"还记得八子吗?"

"怎么不记得啊,当然记得。"

铁生知道八子没有去插队,仗着出身好,在这条街上很出名,一般的流氓、小偷都服他。

早听说八子有了个外号叫八爷。

铁生想起八子小时候在墙根下撅着屁股逮蛐蛐的样子,忍不住笑了。

奶奶说,可不是吗,可他见了我还叫奶奶。

奶奶的表情挺感动的。

奶奶还说,周围没人的时候她跟八子说,可得好好的,千万别做不该做的事,要不然将来得后悔一辈子。他不回嘴,低头听着,还老跟她说,奶奶,像您这么老实有什么用啊?

奶奶又叹息着,唠唠叨叨地说,挺好的一个孩子,先前他想进工厂,人家说他不去插队,不给他分配。后来倒是分配了一个工作,又嫌工作不好,不去,整天游手好闲……本来挺好的一个孩子。

铁生没有跟奶奶说他自己。

我猜他是怕奶奶着急。而且铁生那时候年轻,以为年轻就是战胜一切的资本,年轻就可以什么都不怕,即使生病,也不过是暂时的,总有一天,就会好了,又会活蹦乱跳的了。

既然这样,干吗要吓唬奶奶啊。

他不知道,命运,有时候就像水火一样无情。

奶奶一大把年纪了,过的桥都比他走的路多,奶奶怎么会不知道命运无情、水火无情的道理呢?

但是,奶奶万万没有想到,这个无情的命运,有一天会降临在她最疼爱的大孙子身上,这是一个多好的孩子!

奶奶风烛残年,真的老了

铁生说:"那年奶奶七十岁,头发全白了。"

爸爸妈妈还在云南五七干校,家里就铁生和奶奶,祖孙俩相依为命。

铁生在《奶奶的星星》一文中用平实而深情的笔触描绘了这一段宝贵时光:

奶奶每天依旧很忙,天不亮就去扫街,吃了早饭就去参加街道上办的"专政学习班",下午又去挖防空洞。

铁生心疼奶奶,总说,您都那么大年纪了,挖什么啊,还不够您添乱的呢。

奶奶对铁生的话不满意,假装生气,说:"我挖不了土,还不能帮着往外撮土啊?一簸箕一簸箕地撮,半天也能撮出不少呢。"

"要不我替您去吧。"

他仗着自己年轻,笑着说:"我挖一天够您挖十天的,我替您去干一天,您就能在家歇十天,多好!"

他其实不是打击奶奶,而是心疼奶奶年岁大了。

那可不行。

奶奶着急地说:"人家这可是信任我。"

又认真地嘱咐铁生:"你可别外头瞎说去,人家好不容易这才让我去了。"

铁生说的奶奶值班的事,我们那一代人都知道。

那时候,北京所有的小胡同里外,都有人值班,无论什么季节什么天气,都能看到一些老头老太太,端着自家的小板凳、小马扎,坐在院子门口或者胡同口,臂上戴着红色袖章,上面写着"值班"或者"治安"的字样。

这已经成为北京的一景,被戏称为"小脚侦缉队"。

别看她们都年纪一大把了,好像坐在那里闲聊或者纳鞋底,其实,她们的警惕性极高,一些可疑的人或者"坏人"的蛛丝马迹,都逃不过这些昏花却锐利的目光。

但是,有一样,这些人必须成分好,政治可靠。

一般都是两个人一班,两个小时一换班。换班的时候,互相交换情况,那表情都带着一种自豪感,谁不愿意被人信任啊?

铁生的奶奶看着人家值班换班的,很眼热,但是,奶奶因为成分不好,不属于被信任的人,所以,人家值班可没有奶奶什么事。

奶奶为此心里挺难受的,这个老史家简直害了她一辈子,现在自己都老了,也不被人看重和信任。

奶奶常常为这个叹气。

铁生说,一天晚饭后,有个人来敲门,是街道一积极分子。

奶奶不知道什么事,有点儿紧张地把人家让进门来。

积极分子说,今天值班的李老头病了,何大妈家里又有事走不开,一时半会儿找不到合适的人,问奶奶能不能替个班?

奶奶连忙答应,好像答应慢了人家会变卦似的。

积极分子嘱咐说,今晚风很大,多穿点儿,别迟到了之类的话。

奶奶一连声地应承,声音里带着掩饰不住的发自内心的喜悦。

人家刚走,奶奶就忙开了,又找棉袄又找棉鞋。她把那个小板凳也找出来,拿一块抹布,擦了又擦,还老看那钟表,觉得时间怎么慢了,怀疑是不是表停走了?嘴里唠唠叨叨地说,上一班的人都值班两个小时了,那么大的风,我可不能因为去晚了,让人家多冻着。我得早去个十分八分钟的。

听着窗户纸沙沙地响和外头呼呼的风声,铁生对奶奶说:"还是我替您去吧,这么大的风不说,就说要真有坏人,您能管得了什么啊?"

奶奶说:"我有拐棍儿。"

"那坏人就那么傻,等着您给他一拐棍儿?"铁生笑着说,"就算您用拐棍儿把那坏人的腿钩住了,也保不齐他一挣蹦把您拉一大马趴……"

"我不会喊啊?"奶奶说,"我还有嘴哪。"

"我替您去吧,风太大了。"

"那可不行。"

奶奶好像什么好事怕被抢走似的,赶紧穿好了棉衣,提着家里的小板凳,想了想,又手里掂上一大号手电筒,全副武装地出门了。

奶奶出去以后,铁生不放心,隔了一会儿,悄悄出去看奶奶。

那时候,还不到晚上10点。

路上几乎没有行人,昏暗的路灯下,铁生看见奶奶坐在板凳上,风挺大的。

奶奶没看见铁生,她正全神贯注地听那老头在说什么。

铁生很想把奶奶替换下来,让奶奶在温暖的家里歇着。但他知道奶奶的脾气,奶奶肯定不会同意的。想到这里,铁生又悄悄回到院子里。

和屋里的温暖相比,外面大风呼啸,这让铁生有些坐立不安。不一会儿,他听见院门吱纽一响,奶奶垂头丧气地回来了。铁生抬头看看钟,才10点刚过。

"怎么啦奶奶?"

奶奶的脸色挺难看的,说:"又有人接班了。"

"那还不好?那更好。"铁生说:"咱们正好睡觉,我都困了。"

奶奶不说话,有些心不在焉地脱棉袄。她大概忘记了棉袄口袋里的手电筒,只听一声闷响,手电筒沉重地滚落在地上,上面的玻璃罩碎裂了。铁生赶紧捡起来,安慰奶奶说:"没事奶奶,旧的不去新的不来,明天我去买个新的。"

他看看奶奶的脸色还没缓过来呢,显得十分失落和寂寥。

铁生理解奶奶的心情,对于别人来说,那只是一个单纯值班的小事,但对于奶奶来说,就是被信任和不被信任的问题。一个人不被周围的人和环境所信任,就像被同类驱逐和抛弃了一样。

铁生在心里深深叹了一口气,他心疼地看着奶奶,说:"您累了吧,我给您按摩按摩?"

他想起自己小时候,奶奶让他踩背,自己贪玩儿,总想着和八子他们去玩儿,而对给奶奶踩背不耐烦时奶奶的叹气声。

他想,一定好好给奶奶按摩按摩。他知道,奶奶还一天到晚腰背疼,而且越来越厉害。

给奶奶按摩,他感觉现在奶奶的腰和背就像山谷和山峰,腰往下塌,背往上凸。

奶奶风烛残年,真的老了。

铁生看见奶奶趴在床上悄悄擦眼泪。

他劝慰奶奶:"算了,什么大不了的事儿啊?不就是个值班吗?"

"敢情你们都没事……我妈算是瞎了眼,让我到你们老史家来……"

看着奶奶认真又着急的样子,铁生心里直发烫。

可怜的奶奶,真是比窦娥还冤枉:她从十七岁嫁到爷爷家,每天伺候人,每天干活儿,是最根正苗红的劳动者,就因为沾上了地主的边,她得用一生来洗刷自己的名声。现在已经老态龙钟,还想证明自己不愿意吃剥削饭,自己热爱劳动——人家出身好的老人,这个年岁,都心安理得地享受轻闲,享受晚辈的照应和天伦之乐了,可自己还得硬撑着去"积极表现"!

奶奶的命运以及破老汉们的命运,肯定一直牵系着铁生柔软敏感的心,或许,就是从那时候起,他就在苦苦探索和思考:一切不幸命运的人们,他们为什么都要受苦啊!他们真正的救赎之路究竟在哪里?

命运如上帝,他被选中了

1972年,铁生因病回了北京。

病重的原因,我在铁生的相关文章里没有找到具体描述。与他一起插队的同学回忆说,因为铁生在放牛的时候遇到了暴风雨或者山洪暴发,高烧不退,导致了两条病腿的病情进一步恶化。

关于这个说法,同样没有得到铁生本人的确认。

他的同学很替铁生遗憾,说铁生的病如果及时治疗或者及时转回北京,很可能不会发展到这种地步。

或者,如果铁生的出身有特殊的背景,也很可能会得到及时的救治。

铁生的同学回忆说,当年,铁生插队所在的县里,就有这样的例子。

有一次,一个知青中的"积极分子""劳动模范",摔断了腿,立刻被县里送回了北京,因为当地的医疗条件实在是太落后了。

另外一次,几个高干子弟意外被山火烧伤,电话直接打到北京。北京方面立刻派来直升机,降落在黄土高原上,将那几个受伤的知青接回北京治疗。

铁生的爷爷是涿州首屈一指的富豪,虽然爷爷去世得早,可奶奶直到现在还是地主的身份,这样特殊的"待遇",无论如何也轮不到他啊。

否则,铁生的人生灾难多半可以避免,可以在灾难刚露头的时候就被消灭在萌芽状态。

铁生在他的文章里,几乎没有谈到过自己致病的原因。我想,他对什么都思考得那么深入,对于自己生病的种种原因也一定思考过无数次了,他的心里一定有个非常明确的答案。他不说,并不代表他不知道,他不愿意把得病的原因归结出来,只是不愿意让任何人为他的病背负起道义上的责任或者负担。

这必是铁生的宽厚和善良。

或者,铁生认为那毫无意义也未可知。

他早就意识到:生活中没有如果。

偶然性,在一定的条件下就是必然。

二十一岁,是一个多么美好而青春的年华,对于无数少男少女来说。

二十一岁,是与年轻、美丽、浪漫、健康和爱情联系在一起的,就像花朵必然和春天联系在一起一样,那是无须怀疑的。

二十一岁的心,也必如花蕊一样,明媚而娇嫩,它可以承载如露珠一样透明美丽的欢乐、友情、爱情和阳光,却无法承受暴风骤雨的突袭和打击。

但是,有时候,不是你能不能承受,而是你必须承受,这是命运的拣选,也是命运的无情。

或许,也是命运的厚爱?

如孟子所说:天将降大任于斯人也,必先苦其心志,劳其筋骨,饿其体肤,空乏其身……

《圣经》上也说,耶稣传教之前,先在旷野修炼自身,经历了饥饿、孤独、绝望以及魔鬼的试探和诱惑。

这也不无道理。

凡成就大事,必没有一帆风顺的坦途,他需要具备超乎常人承受痛苦的能力和意志,然后才可以担当重任。

命运如上帝,他选中谁,必先置他于绝境之中,如对他的爱子耶稣,这是历练也是成全。

那么,铁生呢?

关于铁生的病情和发展,《我二十一岁那一年》里有详尽的描述。

铁生记得,友谊医院神经内科的住院处,一共有十二间病房,其中1号和2号病房,是病危室,是一步登天的地方,那里离上帝的天堂最近,换个说法,也离死神的地狱最近。

住到那里的人,基本都是被现代医学判处了死刑或者缓期执行的人。

我曾经陪四十七岁的母亲住过那样的病危室。

那是一个比较小的病室,一进去就给人心理上一种强烈的压抑感。从唯一的一扇玻璃窗那里,可以看见住院大楼后面的太平间,一座孤零零的平房,四周长满了荒草。

而房间里——我陪母亲住进去的时候,那里刚刚拉走一位几分钟之前去世的男性肝硬化患者。那张空床下还堆放着死者刚才换下、护士还没来得及拿走的衣物。

房间里弥漫着消毒药水刺鼻的气味儿。

一住进去,我就感觉到医生护士们独特而复杂的眼神。清早开门去水房打水,也总能看见人们好奇又恐惧的窥视,还有躲避和怜悯。

那就是病危室。

铁生说,除了1号和2号这两间病危室之外的其余十间病室他都住过。

二十一岁那年第一次住院,他是由父亲搀扶着走进去的。那时候,他还可以在父亲的搀扶和拐杖的支撑下勉强走路,只是如他所说,"走得艰难,走得让人伤心就是了"。

那一天,是铁生刚刚过完二十一岁生日的第二天。

那时的他,我猜测,应该是一个很瘦弱的戴着眼镜的青年,还有一些书生气以及对命运懵懵懂懂的迷茫和希望。

我能够想象得出来,在那些密集的被疾病折磨的人群里,铁生肯定从与他并肩或者擦肩而过的人们中,从别人相似的步态、病容以及那些询问和同情的目光里,感受到深深的无奈和悲哀。

他说,自己在心里默默下了一个决心:要么好,要么死,一定不再这么走出来!

他说,一定不再这么走出来,指的是被父亲搀扶着走进医院。虽然走得艰难,走得让人伤心,但毕竟是站立着,两只脚还能在大地母亲的怀抱里,像英雄安泰那样,能够感受大地的力量和支持。

他后来才知道命运的残酷谜底:能那么走出来,已是一件多么让人奢望的事。

从此,他将与站立无缘,与大地无缘。

失去大地母亲庇佑的安泰,就此失去了令人敬畏的神奇力量;而没有了大地滋养的铁生呢?

他说,或者生,或者死。

死是容易的,是瞬间可达的事情。

如果活,他必须独立地依靠自己勇敢的心魂。

那必有一番惨烈的争斗。

从那时起,莎士比亚所说的"是生还是死"的永恒难题,便日日夜夜成为铁生必须面对的问题。

他的身体渐渐如一座炼狱,他身陷炼狱而仰望着天堂,他有一颗虔诚朝圣者被炼狱烈火焚烧的鲜活的心。

被父亲搀扶着走进医院

当时医生说,这孩子的病得住院。

我曾经因为车祸受伤在医院里住了长达一年半的时间,经历了三次截肢和两次植皮手术,所以,那情景是我熟悉和可以想象出来的:

父亲扶铁生在大厅的长椅上坐下。长椅子上已经坐满了人,有病人,也有陪病人的家属。

像等待判决的人,大家都是一样的表情,那眼神也相似,失望和绝望中又怀着一丝希望。

见铁生过来,大家不待铁生的父亲开口,都自觉地挪了挪身体,彼此靠得更紧一些,在长椅子边上留出一块空档。

父亲扶着铁生慢慢坐下来,嘴里一边道着谢。

那椅子上也有缠着绷带或者架着拐的。

铁生毕竟是太年轻了,稚嫩的脸庞,单纯的神情,还是立刻引起了周围人的关注和好奇。那些表情似乎都在问,这个孩子……怎么也……

铁生一定不愿意别人用探询甚至同情的目光看着他,他靠在椅背上,疲倦地闭上眼睛,哪有心思回答别人那些问题。说实在的,他心里一点儿底都没有,他可能在心里想:别问我,我还不知道问谁呢。

铁生后来写道:"那天恰是我二十一岁生日的第二天。我对医学对命运都还未及了解,不知道病出在骨髓上将是一件多么麻烦的事。"

父亲要去排各种长队,办理那些烦琐冗长的住院手续。

直到晌午的时候,铁生才终于在父亲的搀扶下,第一次来到那间病室。

他这样回忆:"正是晌午,病房里除了病人的微鼾,便是护士们轻极了的脚步,满目洁白,阳光中漂浮着药水的味道,如同信徒走进了庙宇,我感觉到了希望。"

他在自己住的10号病房遇到一位女大夫,她用轻柔的声音问铁生:"午饭吃了没?"

铁生没有回答,而是迫不及待地问:"您说我的病还能好吗?"

女大夫十分和气地笑了笑,铁生记不得她的具体回答了,只记得她说了一句什么安慰的话。他注意到,父亲一直紧锁着的眉头也略微有些舒展。

铁生写道:"女大夫步履轻盈地走后,我永远记住了一个偏见:女人是最应该当大夫的,白大褂是她们最优雅的服装。"

女大夫表现出来的平静和信心,让铁生感觉心里踏实了许多,看来自己的病真没什么大不了的,心想,顶多十天、一个月,最悲观最保守地估计也超不过三个月。好吧,他想,就算三个月……这三个月,就当是给自己放假,专门让自己安安静静读书好了。

熬过这三个月,自己又能是原来的样子了。

一个小插曲。他多半会想,就当是清平河只拐了一个小弯,就又顺着原有的轨道奔流向前了。

这样想过之后,他的心情好多了,觉得自己重新看到了希望和光明。

这么多天来,铁生破天荒地睡了一个好觉,仿佛卸下一个担了许久的重担,终于可以舒心地休息了。

在一片洁白素净中,在温暖的阳光里,闻着来苏水的味道,他睡得很沉,很踏实,嘴角挂着一缕久违的微笑。

醒来的时候,一轮大而红的太阳已经西沉。

他躺在床上,仔细打量着这间自己将要住上三个月的病房。三个月,他平白地相信,以三个月为期限,三个月之后自己就可以回家了,而且是自己走回去,且不要任何人的搀扶。

这个病房里一共有六个病人,铁生是6床。

在这里,几床几床就是他们的代号,5床打针,3床输液,护士都这样叫他们。

几床,既代表了他们的名字,也代表了他们的病情。一说几床,医生护士都知道那位是什么病,到了什么程度。

铁生安慰自己:这也没什么,顶多三个月,没什么大不了的。

他拿出一本书,准备看书。

但是,病房里其他人的对话总是往他的耳朵里钻。

紧挨着铁生床位的是5床,一个外地的农民。

"住不起啊。"

只要医生或者护士进来,他就拉着人家,问自己什么时候能出院。

等医生护士一走,他又开始唠叨:"光房钱一天就一块一毛五,你算算得啦,死呗可值得了这么些?"

3床听得不耐烦了:"得了嘿,你有完没完!死死死,数你悲观。"

4床的老头说:"别介,别介……既来之,则安之。"

农民把目光转向铁生,却对他们说:"敢情你们都有公费医疗。"

他知道铁生是插队的学生,还在走与贫下中农相结合的道路。这个孩子,本质上也和农民一样,没有医疗保险,没有最基本的社会保障。

铁生不搭茬,刚好一点儿的心情又低落了下去。5床说的是现实问题,是自己没法回避和忽略的:自己没有工作,每一分钱都得花父母的钱,家里已经为他的病负债累累了。而现在,一天一块多钱的住院费,一天好几块钱的药钱、饭票钱,都要从父母的工资里出。

这是一个最实际的问题。

铁生写道:"我马上就想那农民之所想了,什么时候才能出院呢?我赶紧松开拳头让自己放明白点:这是在医院不是在家里,这儿没人会容忍我发脾气,而且砸坏了什么还不是得用父母的工资去赔?"

这一夜,铁生可能再也睡不着了,漫漫长夜,听着其他床病人此起彼伏的鼾声,触摸着自己已经开始萎缩的双腿,他懂得了失眠难熬的滋味。

怎么得了这么要命的病啊

在希望与失望交织的痛苦中,铁生熬过了这年的冬天。这是他二十一岁的年轻生命中真正意义上的冬天,心灵里万木萧瑟,冷彻骨髓。

走过绝境的人都知道,希望不是一下子破灭的,而是丝丝缕缕、一点一点破灭的。这个漫长的过程,犹如用钝刀子杀人,刀刀痛之入骨,理智和感觉都无比清醒着,却无处可逃。

那是怎样的一种困境和心情,怎样痛彻心扉的折磨?它无法用语言来形容,只有亲身经历的人才能体会到。

希望与失望交织,一向是诸神所认为的最严厉的惩罚。因为那是一种精神和肉体的双重惩罚,犹如西西弗斯,他日复一日地将一块巨石推上山顶,即将看到希望和快乐的时候,巨石重新滚落到山脚,周而复始,无止无休。也像一个人焦渴到极致,在一杯清凉的水就要沾唇的时候,水与水杯同时消失,一次又一次,身心绝望。

希望,永远只是一个幻影,若即若离,你却无法握住它和接近它。光在你目力所及之处,你却必须生活在黑暗中——因为有光的观照,那黑暗就更加难以忍受。

曾经感同身受,所以我知道铁生的内心也一定深受折磨:当你看见那光那希望都一点一点远离你,你必定懂得什么是绝望,什么是深渊。

整个冬天就要过去了,铁生反倒连拄着拐杖都走不到院子里去了,他的两条腿日渐麻木,无可救药地萎缩下去了。

那是他在父亲搀扶着走进医院和怀着希望住进医院时完全没有料到的。

春天都快来到了,但是,看不到一丝春天的迹象,病房外面的天空,永远是灰蒙蒙的,充满了阴霾。树木上没有丁点儿绿意,光秃秃的,连黑褐色的树枝都是干燥而尖利的。

他的内心一片空白。

在一些医生护士们的眼里,刚刚二十岁出头的铁生还是一个孩子,他们自己的孩子也差不多是这个岁数。所以,他们都以父亲或者母亲的心情怜爱和同情铁生,觉得他那么年轻,又不是公费医疗,更重要的是,作为医务工作人员,他们都明白铁生所患疾病的前景实在并不乐观。

从这个孩子的眼睛里,他们看到了迷茫、痛苦和求助,这让他们对自己的无能为力感到内疚。

只要他们一走进来,就会看到铁生默默追随的询问与恳求的目光,那是一种无声的诉求,一种绝望中的希冀。

这让他们不忍直视——主治医生每天有惯例性的查房,听病人或者护士长讲述病人的病情和要求,及时了解病人接受治疗的情况。而对于特殊的病人、复杂的病症,医院每星期会组织本科室的几位主任、专家甚至院长进行会诊,综合讨论并进一步确定新的治疗方案。

虽然按照医院的惯例,专家会诊是每个星期一次,但几位主任、专家都时常来到铁生的病房。可能除了同情之外,还出于对这个孩子的喜欢——因为铁生爱读书,"在那个知识越多越反动的年代,医生护士们尤为喜爱一个爱读书的孩子"。

铁生说,那个护士长有好几次在他母亲面前夸奖他,最后,总是非常惋惜道:唉,这孩子……

那未说出的话,似乎是说:这么好的孩子,怎么得了这么要命的病啊?

铁生从这一声叹息里听出了同情、无奈和医学的爱莫能助。

当时,病房中的2床,是位局长,这位局长得的是一种罕见的病,叫"角回综合征""命名性失语",这种病就是把一切名词都忘记了,包括自己的名字。

后来,有一间仅有两张病床的高干病房:7号病房。

2床的级别最高,十一级,最有资格住进去。护士长安排铁生和他一起搬到7号。

铁生没有级别,一个插队的知青,地位和待遇几乎等同于一个农民,他要搬进去,享受和2床一样的高干病房,得有一个说得过去的理由。

护士长说,这孩子爱读书,言外之意是:爱读书,知道的名词必然就多。

护士长给铁生指派的任务是:帮助2床把名词记起来。

你看,护士长指着2床说,他现在连自己是谁都闹不清了,这有多糟糕。

因为这个特殊的任务,铁生就有了冠冕堂皇的理由和局长一起住进单间。

铁生心里明白,医生和护士们,没有其他办法帮助他,就只能在权限的范围内,让他住得好一些,让爱读书的他可以安静地读读书——读书,有时候可以忘记一些眼前的烦恼和忧愁,说不定……也许他们在心里还幻想或者寄托着某种愿望:古人说,书中自有黄金屋,书中自有颜如玉,这些,这个孩子是别想了,但是,他将来总得活下去,总得有一条可以谋生的路啊!说不定这书中,能有这个孩子的一条路,说不定这条路就在书里藏着呢。

危卧病榻，难有无神论者

以铁生的聪明和善解人意，他怎么能不理解护士长们的用意和好心呢？

可是，面对令人灰心和绝望的现实，铁生已经没有了读书的兴致。看着那些像蚂蚁一样密密麻麻的汉字，铁生常常是，看了好几页，却不知道书里在说些什么。他无法让自己静下心来，无法专心，无法像个鸵鸟那样把头藏起来欺骗自己，无法不正视眼前的困境。

他整日就那么沉默地躺在床上，听各种脚步或轻或重、纷纷乱乱、嘈杂着、不间断地从门外走过。

他说，有时，他真是希望有一些脚步停下来，推门进来，走到他的床前，告诉他一个意外的好消息，哪怕是没有什么好消息，和他聊聊他的病，讨论讨论他的病情也行，说不定在讨论的过程中就能发现什么治疗的新思路或者被遗漏的重要信息呢。

有时候，他又真是希望：千万别停，谁也用不着进来烦我，千万别来烦我，别提什么病，你们都该干什么就干什么，只要不来烦我就行，就谢天谢地了。千万！

而在没人的时候呢？

铁生说，他确曾在没人的时候双手合十，心里荒荒凉凉地、出声地向神灵许愿和祈祷:上帝如果你不收我回去,就把能走路的腿也给我留下!他祈求上帝,哪怕你是和我开一个临时的玩笑,哪怕你是在我的脊椎里装进一个良性的肿瘤,我都不介意,我都愿意接受。

医生和主任专家们还是照例来查房和会诊,他们总是在铁生的床前停留的时间最长。

铁生写道,不查房不会诊的时候,他们也经常来看他,八小时以内或者八小时以外,单独来或者结伴来,对他的病情各抒己见,然后,都十分和气地安慰他:别着急,千万别着急,好吗?

铁生知道他们这么说都是好意,都是在劝慰他,但是,有好多次他肯定都想问问:如果是你们,你们能不着急吗?

他从这些大夫们谨慎的对话和态度里,了解到对于自己的病因,他们大约分成两派,一派意见认为,铁生的脊椎管里可能是长了一个良性的小肿瘤,压迫了某神经而导致了他的下肢行动受限。

对于神经外科的医生们来说,这个问题并不大,做手术取掉就会好了。

但是前提得是,这个捣乱的肿瘤必须是长在椎管的软膜外面的,这样才能把它完整地剥离下来而让那条珍贵、娇嫩、至关重要的脊髓毫发无损。

他曾战战兢兢地问过大夫,只要是肿瘤就没关系,对吗?只要那肿瘤是长在脊椎管的软膜外面就没事,对不对?

在等待答案的那几秒钟里,就像等待死刑或是缓期执行那样,他的心战栗着,感觉仿佛穿越一个世纪的时光隧道那么漫长。

大夫摇摇头,无情地说,不过,看来不太像肿瘤。

这是代表另一种观点的大夫。

铁生心里刚刚燃烧的希望的火苗,就像被一阵无情的风雨扑灭了。

不是大夫无情,而是命运无情:如果是瘤子,手术后他多半还能直立行走,否则,"就真是把祖先数百万年进化而来的这一优势给弄丢了"。

铁生凄凉地写道:"我用目光在所有的地方写下'上帝保佑',我想,或许把这四个字写到千遍万遍就会赢得上帝的怜悯,让它是个瘤子,一个善意的瘤子。要么干脆是个恶毒的瘤子,能要命的那一种,那也行。总归得是瘤子,上帝!"

铁生写道:"多年以后才听一位无名的哲人说过,危卧病榻,难有无神论者。如今来想,有神无神并不值得争论,但在命运的混沌之点,人自然会忽略着科学,向虚冥之中寄托一份虔敬的祈盼。"

死神的诱惑

从病室的窗子望出去，医院的小花园里已经是一派春意盎然的景色。鹅黄的柳丝如轻纱一样，柔软地垂挂下来。桃花开了，有粉白的花瓣，有深红的花瓣，层层叠叠，而金黄色的迎春花更是开得热烈。

春天，对一个拥有青春的人来说，是最美的季节，因为它与生机、活力、美丽甚至和刚刚萌芽的爱情有关，它也总是能引起与青春有关的梦想和希望。

我们尽可以想象：在落英缤纷或者杨柳拂面的小路上，徘徊着年轻恋人相互追逐嬉戏的身影；孩子蹒跚学步或者奔跑的身影；有鸟的身影，蝶和蜂的身影，花和叶依依的身影……

还可能有健康的少男少女，在小树林的空地上打羽毛球，伴随着他们欢乐的笑声。那个羽毛球，就像一只洁白的小鸟，来来往往穿梭在他们中间。偶尔，羽毛球落在草地上，他们便争先恐后抢着去捡球，仿佛永远也不知道疲倦。

但铁生已注定与这些无缘了。

他只能在病床上遥望着这些身影。

他已经不敢去羡慕和梦想这一切了。

铁生说，他的目光转向一个身穿条纹病员服的住院的老人，老人的健康显然正在恢复中,他缓慢而从容地在草地上踱着方步晒太阳,金色的阳光照耀着他病后初愈的面容,老人脸上的神态安详而满足。

"只要这样我想只要这样,只要这样就行了就够了。"铁生在心里说。

只要还能走,哪怕走得慢,哪怕离不开拐杖,哪怕就像这个老态龙钟的老者,但是只要还能走就行。

此刻,铁生不敢奢求太多。

老人离开那里之后,铁生仍然呆望着那片草地,"看阳光一点点淡薄,渐渐凝作一缕孤哀凄寂的红光一步步爬上墙,爬上楼顶"。

一个比白天更孤独更痛苦更难熬的夜晚降临了。

我记得在一本书里看到过这样一句话:认命,是一个异常痛苦的过程。

即使在看不到希望的地方,人,也往往依靠着本能而不是理性,顽强抵抗和抗拒着命运的不公对待,不肯轻易束手就范。

铁生说:"朋友送了我一包莲子,无聊时我捡几颗泡在瓶子里,想,赌不赌一个愿?——要是它们能发芽。我的病就不过是个瘤子。但我战战兢兢地一直没敢赌。谁料几天后莲子竟都发芽。我想好吧我赌!我想其实我压根就是倾向于赌的。我想倾向于赌事实上就等于赌了。我想现在我还敢赌——它们一定能长出叶子!(这是明摆着的)我每天给它们换水,早晨把它们移到窗台西边,下午再把它们挪到东边,让它们总在阳光里;为此我抓住床栏走,扶住窗台走,几米路我走得大汗淋漓。这事我不说,没人知道。不久,它们长出一片圆圆的叶子来。'圆'又是好兆。我更加周到地侍候它们,坐回到床上气喘吁吁地望着它们,夜里醒来在月光中也看看它们:好了,我要转运了。并且忽然注意到'莲'与'怜'谐音,毕恭毕敬地想:上帝终于要对我发慈悲了吧。这些事我不说没人知道。叶子长出了瓶口,闲人要去摸,我不让,他们硬是摸了呢?我便在心里加倍地祈祷几回。

这些事我不说,现在也没人知道。然而科学胜利了,它三番五次说那儿没有瘤子,没有没有。果然,上帝直接在那条娇嫩的骨髓上做了手脚!定案之日,我像个冤判的屈鬼那样作乱,挣扎着坐起来,心想干吗不能跑一回给那个没良心的上帝瞧瞧?后果很简单,如果你没摔死你必会明白:确实,你干不过上帝。"

这段话,让我看到一个对生活屡次怀着希望又屡次破灭的人内心的脆弱和绝望,看到生活正像铁生后来所深刻感悟的那样:命运并不受贿!

人面对这从不受贿的命运,还能如何呢?我想,那只有两条路可走:要不死,逃到你来时的地方去;要不活,活在当下,坚守在你所处的绝境中,寸心不移。

死,相对容易相对简单,痛苦也相对更短暂些。

它需要的是一时的冲动、怨愤和勇气。

活呢?那可要想明白想清楚想得彻底,因为人漫长的一生,几十年,是"由一分钟一分钟连接起来的"。

我自己就曾经真切地体会到:当生活露出最狰狞的面目时,死神却伪装成柔媚的少女,许诺你安宁、快乐和美妙的睡眠。

你很难抵御这种诱惑,你被病痛或者失恋或者其他人间的不幸深深折磨的时候,忽然发现了这样一个神奇的去处,只要到达那里,瞬间疼痛和痛苦就可以消失。

它相似于天堂——接纳你,收留你,让你全然忘记所有的不幸和痛苦。

这是苦难中离你最便捷的一条路。

我曾经虔诚地仰望过它。我猜想,绝望中的人可能百分之百都仰望过它。

而人一旦有了渴望解脱的念头,就很难打消它。

正如铁生所写的:"我终日躺在床上一言不发,心里先是完全的空白,随后由着一个死字去填满。"

他那颗鲜活跳跃的心被囚禁在身体的炼狱中,正一筹莫展。

生和死都在一念之间。

这个时候,王主任来了。

铁生面朝墙躺着,答案已经毫无悬念,再问什么也没用了,任何语言都无法表达他的万千心绪,他唯有沉默。

王主任坐在铁生身后的椅子上,她理解这个孩子此刻的心情,她没有怪罪他的沉默和冷落,许久,她都没有开口。看着这个孩子年轻的背影,她不知道该说什么,她也许很想像一个母亲对自己的儿子那样,摸摸他的头发,安慰安慰他。

但是,这有用吗?

同时,作为一名医务工作者,她也为医学和科学对这孩子疾病的无力和无为感到难过。

气氛有些沉闷,似乎她不开口,这个孩子就准备永远面朝墙壁沉默下去。

如果是个女孩子,还可以哭,流眼泪,还可以表达自己的脆弱和苦恼,而一个像铁生那么自尊的男孩儿,他只有用沉默压抑自己内心如暴风骤雨般的起伏和爆发。

王主任在心里深深地叹了一口气。

"想开一点儿……还是看看书吧,你不是爱看书吗?人活一天就不能白活,对不对?我在医院里工作了这么多年,看到的不幸多得不计其数……生活有时候就是这样,你说呢?……还是好好注意身体,你总不能一辈子这样躺在家里,你将来也总得工作,等你有工作你就知道了,每天那么忙,忙得一点时间也没有了,你就会后悔这段时光就让它这么白白地过去了,那多浪费啊,是不?"

铁生后来写道:"这些话当然并不能打消我的死念,但这些话我将受用终生,在以后的若干年里,我频繁地对死神抱有过热情,但在未死之前我一直记得王主任这些话,因而还是去做些事。"

他看到了不幸命运的普遍性

一度,铁生认为自己是最不幸的那一个。在医院住的时间长了,他看到了不幸命运的普遍性。

他在文章中记录过一个孩子不可逆转的悲剧性命运。

铁生当年住在4号病房的时候,病房里有一个小男孩儿,那一年这个孩子只有七岁。

孩子的家在偏远的山村,孤陋寡闻,打小只见过驴车、马车,从来没有见过汽车和火车,更没有见过飞机。

后来,公路修到山村,修到孩子的家门口。他和小伙伴们第一次见到了奔驰如飞的汽车。

汽车在孩子的眼里一定充满了神奇,让孩子胆怯而恐惧,他们只敢远远地看着,汽车轰鸣着,车轮滚滚,屁股上冒着一股白烟,只一眨眼的工夫就跑得没影了。

孩子也许会想,驴和马都有四条腿,才能跑那么快,这大家伙没有腿,怎么能跑那么快呢?

我猜想,他可能听大孩子说,驴和马喝水,而这个神奇的家伙要喝一种叫汽油的东西,这汽油在它的肚子里烧成了大火,它被大火烧疼了,所以才玩命地跑,才跑得那么快。

再后来,还可能有淘气的大孩子发现,这大家伙有时候会停下来,靠在路边,从前面的一个"小房子"里走出一个人,钻到汽车的肚子下面鼓捣,或者敲敲打打的,然后,手里又拿着小锤子什么的,爬回到那"小房子"里面去,大家伙又开动了。

胆大的孩子会偷偷吊在车厢或者车尾上,威风凛凛地兜风,在汽车加快之前,凭着胆大心细跳下来。

凡是这么做的孩子,都特别让别人羡慕,也都有了吹牛的资本,让其他孩子自愿追随和使唤。

有一次——只那一次,这个七岁的孩子失手从车上摔了下来。

铁生说,孩子住进医院时已经不能跑,四肢的肌肉都在萎缩。

病房是一个很沉闷的地方,而且,基本都是成年人,孩子正是淘气的年龄,对于未来的凶险也一无所知。精神好的时候,他一瘸一瘸地到处乱窜,医生打针或者输液的时候,要满处喊他。

淘得过分了,大家就说他:你说说你是怎么伤的?忘记啦?说啊?

孩子立刻老实了,低着头,用一双萎缩的小手抹眼泪:"因为扒汽车……因为淘气。"

大人们的心软了:"好了,下次还淘气不了?"

孩子像摇拨浪鼓似的,使劲摇头:"不,不了,再也不了。"

大家都知道,这孩子伤在骨髓上,那样的伤是不可逆转的。

孩子的父母都是贫困朴实的山里人,为孩子的医疗费和孩子的将来愁眉苦脸、唉声叹气的。

可孩子还不懂得发愁。

铁生从中悟出来:"命运中有一种错误只能犯一次,而且永无改正的机会。"

铁生说:"未来,他势必有一天会知道,可他势必有一天就会懂吗?但无论如何,那一天就是一个童话的结尾。在所有童话的结尾处,让我们这样理解吧:上帝为了锤炼生命,将布设下一个残酷的谜语。"

在6号病房住院时,铁生碰到过一对恋人,当时,他们都是四十岁的年龄了。这个年龄也差不多和铁生父母的年龄相近,铁生在他们的眼里,也就是一个年轻的孩子,他还不懂得爱情。

铁生很可能没有联想到:这对恋人遇到的难题也是他未来所必须面对的。

这对恋人是大学时的同学。

那男的本来在二十四岁那年要出国留学,手续都办好了,连行程都已经确定,行装已准备停当,家人和同学也都为他举行了送别的晚宴。

可就是为了一件极小的事,不得不将行期往后推迟了一个月,偏偏就在这一个月里,他因为一次医疗事故导致了瘫痪。

在这里,铁生又一次看到命运的无常和狰狞。

女的——她当时还是个女孩儿,对于自己的恋人一往情深,发誓一定等着他,等他好起来,等着和他结婚,等着做他最幸福的新娘,等着和他共度一生。

这些话,都是他们热恋时候的情话,是他们对未来的憧憬。

就这么等着,先是等着他病好起来,没有等到,然后等着他同意和自己结婚,还是没有等到。

在这期间,两个人都承担着内心和外界的重重压力与阻力。女的不忍心就这么丢弃心爱的人去寻找自己的幸福,男的也在水深火热中煎熬着——每天都担心女的离开,担心彼此再也见不到,但是见到了,又违背自己的心,狠心劝女的离开。

他们相互折磨,用铁生的话说是"病也难逃爱也难逃"。

在身心交瘁中,女的不忍心看着恋人再受折磨,也难以承受父母和社会舆论的压力,狠着心,调离了北京,调到外地去工作,以为这样就可以斩断情丝。

其实,情丝是从两颗爱的心里缠缠绵绵地流出来的,只要心不死,情丝就难以了断,如同"抽刀断水水更流"一样,那思念和惦念肯定更加强烈。

但是,从北京调到外地容易,只要找到一个愿意接收的单位就行,而如果想从外地调回北京,就没有那么简单了。

那时,那男的病更重了,全身都不能动了,女的放心不下,一想到恋人独自在经历病魔的折磨,就心痛不已,就觉得自己应该在这个时候陪伴在爱人的身边,应该给他爱的力量,并且幻想这力量可以感动上天,可以把他完整地还给自己。

于是,只要有三天的假期,她也要千里迢迢地跑回北京,陪他一会儿。有时,泪眼相对无言,有时又彼此争论。

我猜测,男的为了让女的狠心离开自己,就故作冷漠,可能会说一些伤害和绝情的话,比如,我已经不爱你了,你还纠缠什么?我不需要你的同情和怜悯,请不要再来打扰我,可不可以?

有时候,女的明知道他的用意是怕拖累自己,但那些话还是如利刃一样刺疼了她,她含着眼泪离开病房,独自去火车站,赶回自己所在的城市上班,一路上,悄悄落泪。

两个人都身心交瘁,都不堪重负。

女的走了以后,那男的更是痛苦不已,为自己的命运哀叹,为女友的执着和深情感动,又为自己伤害了那颗为他千回百转、柔情万种的心而自责和愧疚。

病房里的气氛是那么压抑和沉重。

铁生问那个男的,她那么爱你,你为什么还不同意啊?

那男的说,你要是爱她你就不能害她,除非你不爱她,可那你又为什么要结婚呢?

下次见到那女的,铁生把那男的的话告诉她。女的说,我知道他这是爱我,可他不明白其实这是害我。什么叫幸福啊,就是和你所爱的人在一起啊,我爱的人是他,离开他我能幸福吗?有时候,我也真想一走了事,从此忘了他。我试过,可我不行,我做不到,越是想忘记就越无法忘记……我知道,我无法不爱他,我们曾经经历了那么美好的感情,走过了好几年美好的岁月……这一切,怎么能说忘就忘呢?

铁生听得点头,他心里隐隐约约对爱情的憧憬和理解就是这样的:相互厮守,不离不弃。爱情,不就是应该这样吗?否则,还叫爱情吗?

女的出去时,铁生又把女的说的话告诉男的,他希望男的能够理解恋人的心意。

男的却说,不不,她还年轻,她还有机会,她得结婚,得有自己的家庭和孩子,她这个人我知道,她不能没有爱,没有爱她不能活……

等男的睡了,女的又哀怨地说,可什么叫机会呢?机会不在外面在心里面,结婚的机会可能在外面,可爱情的机会只能在心里面,对不对?

铁生找空把女的的话又告诉男的,他真是希望这对恋人能够在一起。

男的听了,默然垂泪,良久无语。

铁生终于鼓起勇气问男的,你干吗就不能和她结婚呢?

男的说,这个你还不懂。

铁生确实不懂他究竟在说什么,他还是不明白他们为什么不能结婚,既然那么相爱,那么难以分开,为什么就不能在一起?

看着他困惑的目光,男的不知道如何解释,他面对的还是一个二十岁出头的男孩儿。

他想了想,很谨慎地说,这很难说得清楚,因为你不是单独一个人活在这个世界上,明白吗?

铁生摇头:这又怎么了?

你是活在这整个世界上,对吧?那这个问题就不是光由你们两个能决定的,这很复杂……

铁生找到机会又问女的,为什么这事就不是由你们两个人决定的,这不是你们两个人的事情吗?

女的说,我不这样认为……不过确实,有时候这确实很难。

看着铁生单纯而迷茫的眼睛,女的突然意识到,她无法用简单的语言让这个男孩儿明白。

她垂下头,有点儿抱歉又有点儿黯然神伤地对铁生说:真的,跟你说你现在也不懂,我也不知道该怎么和你说……

后来,铁生写道:"我不知道现在他们各自在哪儿,我只听说他们后来还是分手了。十九年中,我自己也有过爱情的经历了,现在要是有个二十一岁的人问我爱情都是什么? 大概我也只能回答:真的,这可能从来就不是能说得清的。无论她是什么,她都很少属于语言,而是全部属于心的。还是那位台湾作家三毛说得对:爱如禅,不能说不能说,一说就错。那也是在一个童话的结尾处,上帝为我们能够永远地追寻下去,而设置的一个残酷却诱人的谜语。"

对一个不幸的普通人来说,不幸命运的普遍性,只可能带来些许慰藉,而对铁生来说,却带来更深的思考。从自身的不幸推及这个世界上的诸种不幸,他意识到,苦难是人类永恒的困境,而"爱是人类唯一的救助"。

从此与医院结下不解之缘

似乎,注定了的,铁生和友谊医院及其医生护士们有着长达几十年的不解之缘。

他说,友谊医院,这个名字叫得好。

当然,同仁啊、协和啊以及博爱医院的名字也都很不错,但是,和友谊医院这个名字相比,或嫌冷静或显张扬,都不如"友谊"听着显得那么平易近人,那么亲切和气。

铁生对"友谊"这两个字有着最深刻的体验和特殊情感。他说:"二十一岁末尾,双腿彻底背叛了我,我没死,全靠着友谊。"

那时候,与铁生一起在陕北插队的同学们,都牵挂着他,他们不断地写信来,给他讲他离开之后大家如何念叨他想念他,讲那里的变化,讲破老汉,讲他惦记的牛群,又在信里或安慰劝慰或软硬兼施,甚至使出激将法,千方百计激发他活下去的勇气。

友谊就是有一种神奇的作用:如果是一份快乐,和友谊分享,一份快乐就变成了两份快乐;如果是苦恼或者痛苦,有了友谊的分担,一份痛苦就变成了二分之一份。

只有爱和友谊,才有这样奇妙的作用。

那些已经转回北京的同学们,每逢探视日必来看望,就是那天并

二十一岁时的史铁生

> 只要有朋友来,他们就会给铁生带来新书,带来外面的消息,带来安慰和快乐,带来新朋友,新朋友又带更新的朋友来,然后都成了老朋友。

不是探视病人的日子,同学们也都有办法进来。

这可不是一件容易的事,大医院,规矩严格着呢。

当同学意外地、悄不声地出现在铁生面前,总能给他带来惊喜和快乐,让他的心里暖暖的。

他的脸上露出难得的笑容,问:"怎么进来的?"

"那还不容易。"

同学们故作神秘地说:"闭上眼睛,站在原地想那么一会儿,再睁开眼睛,就站在这儿了。"

"行啊,你们。"

铁生由衷地赞叹。

同学们一来,病房的气氛立刻变得热闹了。

他们带来了回忆和往事,带来了欢乐和年轻的生机,还带来了书和外面大量的信息。

"那当然,咱们是谁啊?当年可以凭一张站台票走南闯北,比铁道游击队还牛,什么能难得住咱们呢,是不是?"

大家都会心地笑,互相揭发,当年谁因没买票被半路轰下火车。

这有什么难堪的,知青,哪有钱买票?你轰下来,下趟车我再上,一段段,蹭也能蹭到北京。

当年插过队的知识青年都知道这个不算秘密的秘密。

他们在农村和农民一样苦,一年干到头也挣不上一张回家的火车票钱,要是女孩儿,家里还能给紧出一张车票钱,男孩儿都不好意思张口向家里要,就自己蹭车回,上千里地或者几百里地,一段一段地"混",车厢查票的时候,厕所事先就上锁,查票员从各车厢两头堵,根本无处可逃,被逮住了,就说明自己是知青,没钱买票。最后,好话说尽,还是被轰下车,坐车买票和杀人偿命一样天经地义。

那时,铁生搬到了加号,加号原本不是病房,里面有个小楼梯间,楼梯间被弃置不用了,余下的地方仅仅可以放得下一张单人病床。

但是,铁生很满足,可以接待朋友,没有朋友的时候,自己可以一个人安静地想事,可以静静地读书。

他这样形容这个小得不能再小的独立空间:"虽然窄小得像一节烟筒,但毕竟是单间,光景固不可比十级,却又非十一级可比。这又是大夫护士们的一番苦心,见我的朋友太多,都是少男少女难免说笑得不管不顾,既不能影响了别人又不可剥夺了我的快乐,于是给了我十级半的待遇。"

这话里透着一种苦中作乐的无奈、酸涩和骄傲。

这间病室的窗户朝向大街,铁生的病床又紧靠着玻璃窗。

我觉得,这对铁生不能不说是一个优势:他虽然远离自己一向熟悉的生活,却并没有与生活彻底隔离,他可以通过这一扇透明的玻璃窗,观望、想象甚至参与生活。

就像一个人,他从山顶坠落,在坠落的过程中,那种前后无依、随风飘摇的感觉,是最不确定、最绝望和挣扎的境地,一旦彻底坠落谷底,才会重新萌发回升的勇气和力量。

有那么一段时间,他承认自己暂时忽略了死神的诱惑,对生活和未来,又重新有了希望。

同时,他也意识到,最坏的已经来了,一切都不会比这个更糟了。

每天上午,他就坐在或者躺在自己的病床上,在明亮的阳光里安静地读书,他后来的写作也得益于那段时光。因为他突然有了大量的时间,不用再纠结那些已经有了定论和结果的问题,他的时间都可以用来读书或者思考,很多文学名著也都是那个时候读的。

他感受到文学的魅力,同时,在这些文字里,他渐渐感受到人类痛苦的永恒和精神的力量。

铁生上中学的时候,就很喜欢英语,他的英语成绩也很好,他就又拿起书,开始背诵那些被遗忘了的外语单词。技多不压身,反正知识总是有用的。

但是,一过中午,铁生"就开始直着眼睛朝大街上眺望,因为朋友们就快来了"。

他的眼睛注意着来来往往的自行车流,注意那些骑自行车路过的年轻人中有没有自己熟悉的身影,注意5路车站上上下下的人群,一个背影、一个熟悉的面容,都带给他极大的欣喜。因为只要有朋友来,他们就会给铁生带来新书,带来外面的消息,带来安慰和快乐,带来新朋友,新朋友又带更新的朋友来,然后都成了老朋友。

我以对铁生的了解而相信,朋友们对铁生必定怀有同学情谊,怀有同情和惋惜,但更重要的是,铁生具有一种罕见的吸引力。他那时候尚未成名,他靠的是自身的一种魅力,那就是铁生的真诚和他温厚的人品,如某位诗人所说:"友谊从长久的认识与共同的默契而产生。"

马尔顿也说:"要想吸引朋友,须有种品性。"

真正的友谊就像火光一样,在你周围最黑暗的时刻,才越显得最亮。

铁生也意识到自己的这个优势,多年之后,他亲口对我说:"别的不敢吹牛,如果有交朋友的比赛,我肯定得第一。"

他笑得有些得意。

我觉得他有理由得意。

铁生这样充满感恩地写道:"以后的多少年里,友谊一直就这样在我身边扩展,在我心里深厚。把加号的门关紧,我们自由地嬉笑怒骂,毫无顾忌地评论世界上所有的事,高兴了还可以轻声地唱点儿什么——陕北民歌,或插队知青自己的歌。晚上朋友们走了,在小台灯幽寂而又喧嚣的光线里,我开始想写点什么,那便是我创作欲望最初的萌生。我一时忘记了死,还因为什么?还因为爱情的影子在隐约地晃动。那影子将长久地在我心里晃动,给未来的日子带来幸福也带来痛苦,尤其带来激情,把一个绝望的生命引领出死谷。无论是幸福还是痛苦,都会成为永远的珍藏和神圣的纪念。"

清平湾的乡亲们也没有忘记他。

铁生还记得,离开清平湾的那天,他躺在一辆马车上,身上盖着厚厚的棉被。很多老乡都来送他,他们心里都明白,这个孩子肯定不会再回来了,只有他自己不知道,他还笑着和老乡说,等我好了就回来。他还嘱咐破老汉好好喂他的牛,等他回来,他们还一起放牛。

大家都嘱咐他好好养病。

马车都走出老远了,他还看见,一些老乡和孩子还站在黄土高坡上目送着他和马车,在一片马蹄溅起的黄色的烟尘里,那些人的面目渐渐模糊。

也许,那些遮天蔽日的黄土缓缓落在他的脸上、被子上和军大衣上,又慢慢堵塞了他的嗓子眼,厚厚地铺满了他的胸口,让他永生也难以忘记。

一天,一个插队回来探亲的同学来看他,带来了乡亲们捎给他的东西,都是农村的寻常物,又都是城里人稀罕的东西:小米、绿豆、红枣、芝麻。其中,还有一个小手绢包,铁生认出这是留小儿的手绢包,里面是爆好的玉米花。

那个同学最后从兜里掏出十斤粮票,说,这是破老汉一定让捎给你的。

铁生从同学手里接过那张粮票——那是十斤的粮票,很破了,中间用一张白纸条粘着,浸满了汗渍和油污。

同学告诉铁生,他对破老汉说了,你这是陕西省的粮票,在北京根本不能用。破老汉不信,说:"咦,咋了不能用,你们北京就那么高级?"我只好带给你,这是破老汉卖了十斤好小米换来的,说你在北京看病会用得上。

铁生想起来,当年破老汉的儿子得病,他舍不得给大夫送小米,儿子被耽误了。

十斤好小米,那可是农村金子一样贵重的口粮啊。

铁生说不出话来,他默默地想,有一天一定回去,看看破老汉,看看牛群,看看他那遥远的清平湾。

多年之后,在朋友们的陪伴下,铁生回到这片让他梦牵魂萦的土地,当他被众人抬着或推着踏上这片黄土地的时候,想必感慨万千,而能够用语言和文字表达出来的也不过万千之一。

第四章 身体成了一座禁锢自由的监狱

十五年前的一个下午，我摇着轮椅进入园中，它为一个失魂落魄的人把一切都准备好了。那时，太阳循着万古不变的路途正越来越大，也越红。在满园弥漫的沉静光芒中，一个人更容易看到时间，并看见自己的身影。

自从那个下午我无意中进了这园子，就再没长久地离开过它。

——史铁生

如果无力冲破黑暗，就只能被无声吞没

德国近代哲学家叔本华在其《作为意志和表象的世界》一书中曾经感叹："生命的本身是布满了暗礁和漩涡的大海，人总是要小心翼翼、千方百计地避开那些暗礁和漩涡。"

在这样充满危险和各种危机的大海里，一个健康人划着船行驶其中，尚且危机四伏、险象环生，那如果一个只能把身体固定在轮椅上，不能走也不能站立的人呢，在浊浪滔滔、狂风大作的海洋上，他如何稳定根本不受控的身体，如何掌管手中的舵呢？

我们只要闭上眼睛想象一下，就知道这无比凶险！

唯有难以置信的清醒、理智、智慧和勇敢，才有可能闯出一条生路。

我想，这其实就是铁生所面临的困境和绝境。

铁生坐上轮椅之后的大约七年间，是他人生中最黑暗的七年。

正如他自己所说："两条腿残废的最初几年，我找不到工作，找不到去路，忽然间几乎什么都找不到了……"

我从自己切身的经历中了解到，看不到任何希望和未来，那是心灵上怎样一种全然的黑暗。

如果无力冲破黑暗，就只有被黑暗无声地吞没。

如果无法穿越深渊,就只有葬身不为人知的渊底。

从朋友的叙述中,可以看到铁生当时的生存环境是如何恶劣,他已经降到生活的最底层——他那时候住在前永康胡同的一个大杂院里,从屋门到院门,手摇车得走过几十米坑洼不平的路。小屋只有六七平方米,屋里除了床和一个写字台,剩下的空间仅够轮椅转个小弯。

当时,铁生的父母在云南下放劳动,平时只有奶奶照顾他。

那艰难程度可想而知。

铁生的作品里没有描述和记录他突然瘫痪之后有关奶奶的文字,但是,我们可以想象得出来:那时候奶奶已经七十多岁了,这个她带大的、最疼爱的大孙子突然瘫痪的遭遇,对老人一定是一个最致命的打击。

我猜想,她在铁生面前假装坚强,但是夜里常常泪湿枕巾,她怨恨苍天怎么这样无情,将一个那么好的孩子打入地狱。她又恨自己不能替了铁生,哪怕是死是瘫是瞎,她都不怕,如果可以代替孙子受苦受罪,她相信自己可以做到赴汤蹈火、万死不辞。

出门一遇见过去的邻居,邻居一问到铁生的病情,老人的心肯定如刀割一样疼痛。

但是,在回到屋里之前,她一定会仔细地擦去泪痕,不让铁生看出来她刚哭过。

铁生默默地躺在床上,一个看不到未来的人,是最容易陷入回忆的,他也许最经常回忆的就是小时候的事以及插队的同学们了。

从同学的叙述中得知,健康时候的铁生是个多才多艺的人,他的书法、篆刻和画画,在全班甚至整个清华附中都很有名气。

有一次,知青的灶上杀了一口猪,大家会餐的时候是由铁生主勺,平时嘴馋又清苦的他们,能有这么一个改善伙食的机会,无论是他还是同学们都特别高兴,就像过节一样。

铁生那天是绝对的主角,他先得意扬扬地在做饭窑洞的门楣上贴上一个红底黑字的横幅,上面是他写的"御膳房"几个大字。

横幅一贴出来,就引起同学们的赞叹和追捧,好气派的大手笔!

铁生有灵气,凭着自己的亲身体验、过人的记忆以及聪明和钻研精神,一连做出鱼香肉丝、京酱肉丝等十多道家常菜,每道菜一端上来,立刻受到大家异口同声的赞扬。

他还喜欢象棋。

一天劳作结束,夕阳的红光照在黄土坡上,碾子声、羊群咩咩的叫声和孩子们叽叽喳喳的笑声,构成一幅热闹又惬意的情景。

破老汉这时候最爱蹲在石头碾子或者窑洞顶上吸烟。

而铁生就爱和插队的同学或者老乡下象棋。

只要自制的棋盘一摆上,立刻会吸引来很多看棋的人。

专有一种人,不喜欢下棋而喜欢看棋,并且特别喜欢给下棋的人支着儿。

我和外祖父母一起居住的时候,楼上一邻居,最喜欢看棋和给下棋的人支着儿,并以此为最大乐事。

一个夏天的夜晚,他心满意足地回家,竟走进邻居家,面露恍惚的微笑。落座后,别人不明白他为什么这么晚过来串门,只好端来茶水,试探地问:某大爷您真是稀客,请问有何见教?

这人才清醒。

这事一时传为笑谈,大概是以下棋支着儿为乐者的最高境界了。

铁生最不喜欢别人支着儿,就算你支得好,那赢了算谁的?支得不好,输了又算谁的?

下棋的时候,全神贯注在棋子上,东一句西一句,那些七嘴八舌的,势必分心,你还制止不了。为这么点儿事和人家急,也有点儿不值当的。

时间长了,铁生想了一个办法,他在棋盘的楚汉界河边写了几个字,权当告示:"河边无青草,不需多嘴驴。"

大家一看,全都乐了,开始还都噤声,时间一长,又都忍不住了,那看棋的比下棋的还着急。

点点滴滴的往事回忆,可能给铁生带来短暂的欢乐,但欢乐过后则是加倍的凄楚——因为无论多么美好,都再也回不去了。

那时候虽然生活艰苦,经常饿肚子,不知道将来怎么办,但至少自己还是能走能跳的。

而现在呢,身体成了禁锢自己的一所监狱。

想到明天,铁生的心底一片迷茫。

迷茫是心灵的漂泊感和无助感,比疼痛更痛。

知青作家老鬼在其《血色黄昏》一书里写过自己在兵团被打成"反革命"之后众叛亲离、与世隔绝的经历,他这样写道:"劳累困顿了一天之后,躺上床就着,睡眠把一切人间的苦痛全吞没。忘记了自己是反革命,忘记了周围人都冷眼……然而早晨一睁开眼睛……神经又变得对痛苦异常敏感。人倒大霉的时候,早上刚醒来的那片刻最难受。"

我对他的话有深切的体会:四十七岁的母亲去世后,我只有躲进睡眠里,才能暂时忘记人世间的风刀霜雪,而清晨一醒来,那种刻骨的疼痛和迷茫便像湿冷的雾,无声无息地弥漫过来,一点儿一点儿吞没你,那种感觉真比死更难受。

我相信,铁生一定经历过这样的时刻。

母亲为了他的工作,跑了八年

坐上轮椅以后,铁生一直想找一份能养活自己的正式工作,家里为他的病已经负债累累,他不想再连累父母了。

他想,假如能进入一家全民所有制单位,一生便有了依靠。全民所有制的职工可以享受公费医疗,退休后还有一定数额的退休金,能在一家这样的单位上班,就等于捧上了一个铁饭碗。

铁生说,为了这个铁饭碗,他一次一次由母亲陪伴着去劳动局申请。

劳动局也是由解放前的一座旧庙改成的,铁生记得那里的庭院深深、廊回路转。

说得好听是去申请,实际在铁生看来,那简直就是去求人,像欠了什么人的债去赔礼道歉一样。

母亲心里不管多么忧愁,她见了人就立刻满脸堆笑、战战兢兢,像电影里穷人到地主的深宅大院里去借粮一样。

那些工作人员都忙得不抬头,仿佛谁一抬头,这个烫手的"热山芋"就会扔给谁一样。

他们冷漠,毫无表情,或者打官腔,几句话就把人打发了。

母亲没有办法,她在走廊里或者台阶上,好不容易拦住一个人,就把铁生的情况介绍一遍,保证说,您别看这孩子坐在轮椅上不能活动,但我以我当妈妈的人格保证,这个孩子可以干好多事,他会书法、画画、篆刻……

通常是母亲的话还没说完,别人就以忙或者其他的理由推脱了,然后快步离开,似乎害怕摆脱不了这个女人的纠缠一样。

铁生在《庙的回忆》里写过当时的情景,他说:"那些人自然是满口官腔,母亲跑了前院跑后院,从这屋被支使到那屋。"

铁生那时候年轻气盛,既伤心又愤怒。他心疼母亲,为了他,这么低三下四地求人。

每次离开那里,母子二人都沉默无语。看着母亲疲惫的面容和已经花白的头发,他的内心饱受煎熬。

母亲总是安慰他,你别和人家急,人在屋檐下哪能不低头。咱们不是得求人家吗?

铁生很想说,不求不行吗?

但是一想到自己刚二十出头,也不能这么在家里靠父母养活啊,不求这些人又能怎么样呢?

他的心里如同压了一座山,压得他喘不过气来。

我深深地理解铁生的心情——当年我十九岁被火车轧伤之后,户口从内蒙古插队的地方退回北京,一直找不到接收的单位。

父亲也是像铁生的母亲一样到处求告,他不断地说,女儿是响应"上山下乡"的号召去边疆插队的,孩子还年轻,只有二十岁出头,她的人生还很长,请给她一个自食其力和报效社会的机会吧。

这样的话,父亲不断重复着,希望能够博得招工单位的同情和理解。

那些人说,不错,是这么个理儿,但是,她能干什么呢?健康人还没工作呢。再说了,她路上再出了事谁负责?

还有的单位说,我们很同情孩子,但我们不是慈善单位。

一扇又一扇门就这样打开又无情地合上,当年的父亲也一定这样身心交瘁。

铁生说,去的次数多了,终于有一个负责人站出来,给了他们一个有理有据的回答:"慢慢再等一等吧,全须全尾的我们这还分配不过来呢。"

那言外之意就是着急也没用,只能等。

但是,需要等到什么时候呢,只有天知道。

从那以后,铁生再也不去了,他觉得相当于对牛弹琴,而且,他不愿意被人看成是什么都干不了的废物,不愿意看到那些同情的或者优越的目光,不愿意看到母亲无奈而无助的笑容和极力掩饰的失望。

只有母亲,为了儿子不肯放弃希望。

铁生在文章里说母亲:"直到她去世之前,还一趟趟往那儿跑……"

从铁生坐上轮椅到母亲1980年去世,这中间有长达八年的时间——八年,他的母亲坚持了八年,她跑了多少路,说了多少话,看了多少白眼和冷脸,有过多少次失望与希望交织的痛苦……

因为她知道,自己不可能跟随儿子一辈子,她希望儿子有一份稳定的工作和收入,甚至希望儿子有一个自己的家。

母亲知道铁生不愿意她去求那些人,不愿意她受那些委屈,她就瞒着儿子偷偷去。每次失望归来,她都肯定先在门外调整好自己的情绪和神色,担心儿子看出来。

铁生有时候知道了母亲还在去,非常愤怒。母亲怕儿子生气,如铁生所写的:母亲"去之前什么都不说,疲惫地回来时再向她愤怒的儿子赔不是。我便也不再说什么,但我知道她还会去的,她会在两个星期之内重新积累起足够的希望"。

地坛与他,似乎有着宿命般的缘分

"许多年前旅游业还没有开展,许多所谓的公园都不过是有些树、花朵和围墙,也不要门票,人们可以在回家或者上下班的时候,为了走近路,从这些园子里面穿过去。"

"那时候的地坛就是一座这样的园子,荒芜冷落,如同野地。"

地坛似乎与铁生有着一种宿命般的缘分。

他在《我与地坛》中这样描述:"地坛离我家很近,或者说我家离地坛很近。总之,只好认为这是缘分。地坛在我出生前四百多年就坐落在那儿了;而自从我的祖母年轻时带着我父亲来到北京,就一直住在离它不远的地方——五十多年间搬过几次家,可搬来搬去总是在它周围,而且是越搬离它越近了。我常常觉得这中间有着宿命的味道:仿佛这古园就是为了等我,而历尽沧桑在那儿等待了四百多年……它等待我出生,然后又等待我活到最狂妄的年龄上忽地残废了双腿。"

铁生还说:"自从那个下午我无意中进了这园子,就再没长久地离开过它。我一下子就理解了它的意图,正如我在一篇小说中所说的:'在人口密聚的城市里,有这样一个宁静的去处,像是上帝的苦心安排。'"

循着铁生的文字和描述,我清晰地看到这样一个近乎于悲壮的画面:一轮又大又红的落日,雍容华贵,光芒四射,它缓缓地向西移动,在沉落之前,竭尽所能地散发出自己的光亮和热度。

它是如此不可一世,如此自信和不可或缺,就连降落也是如此气势非凡。

因为,无论这个世界发生什么,无论是权力的交接、灾难的重叠以及人们的生或死,它都注定会日复一日地光临这个世界。

我试着猜测铁生之所以钟情于这个地方的原因。

铁生说:"十五年前的一个下午,我摇着轮椅进入园中,它为一个失魂落魄的人把一切都准备好了。"

一个失魂落魄的人,他需要什么呢?

他自闭、孤独、绝望、脆弱,又不想让人们发现他的脆弱。他不愿意诉说自己的感受,因为他和其他人实际上生活在两个不同的空间。

他不能指望别人可以身临其境般地理解他。

而同情,对于他又有什么意义呢?

他需要孤独,需要安静,需要好好想清楚一些问题,需要逃避——对了。

逃避——正如铁生自己所说:"我就摇了轮椅总是到它那儿去,仅为着那儿是可以逃避一个世界的另一个世界。"

我们尽可以想象:每天清晨,是这个城市生机勃勃的开始,是生活最忙碌的时刻。

晨曦中,晃动着环卫工人扫街的身影,洒水车丁零零响着,卖小吃的吆喝声,各行各业的人们骑着自行车或者挤在公交汽车站,他们都有单位,有自己的岗位,有人需要,对社会有用。

即使一个孩子,一个上小学或者上幼儿园的孩子,也都在父母的催促下,匆忙咽下嘴里的馒头、油饼或者豆浆,匆匆跟在大人的身后或者坐在父母自行车的后座上去学校或者幼儿园。

就连家庭主妇,也是最忙碌的人,她们要为全家人准备早餐,或买或做,忙碌不停。

只有铁生,他不知道自己该做什么,不知道什么人、什么单位需要他,那是一种完全被排斥在生活之外的旁观者的身份。

没有人催促你,没有人激励你,也没有什么人需要你——那其中的苦涩滋味只有经历过的人才能体会。

我曾经听人说过一个下岗工人的遭遇:他是一家老小的经济来源,全家的生活费、父母看病的钱、孩子的学费都是由自己承当。

有一天,他下岗了,虽然工龄不短了,但是,单位领导告诉他,这个单位不再需要你了。

面对一家大小眼巴巴的期望,他说不出口下岗的事,他知道这对全家是一种毁灭性的灾难。

他每天还是按时离开家,做出上班的样子,到处去找工作,或者躲在一个熟人碰不到的地方熬着——一天是那么漫长,八个小时,一分一秒地熬,无聊透顶,心里还要编一些话以应付家人或者熟人的突然质疑,还要强装笑颜,夜里,一天天计算着发工资的日子,怎么和家人交代?

他的心灵没有了归属感,觉得自己被整个社会抛弃了,那感觉就像一个弃儿,毫无尊严,毫无安全感。

那正像铁生当时的处境,他说:"没处可去我便一天到晚耗在这园子里。跟上班下班一样,别人去上班我就摇了轮椅到这儿来……园墙在金晃晃的空气中斜切下一溜荫凉,我把轮椅开进去,把椅背放倒,坐着或者躺着,看书或者想事,撅一根树枝左右拍打,驱赶那些和我一样不明白为什么要来这世上的小昆虫。"

老屋里的青春年华

1974年8月,铁生到了一个街道生产组。

他在文章里写过,那几间老屋尘灰满面,他在那里一干就是七年。

那是铁生二十三岁到三十岁之间最可宝贵的时光,犹如一个果实由青转红、由青涩到灌满浆汁而成熟的过程。

他周围的人都是街道的老年人以及一些残疾青年。

他们的工作是在一些仿古的家具上画些花鸟鱼虫、山水人物,其中就有他最擅长的仕女图。

每月的工资十几元。

他在《老屋小记》里这样形容:"那是两间破旧的老屋,和后来用碎砖垒成的几间新房,挤在密如罗网的小巷深处,与条条小巷的颜色一致,荒芜灰暗,使天空显得更蓝,使得飞起来的鸽子更洁白。"

铁生说,是一个朋友介绍他去的。

这个人也是一个插队回来等待工作分配的知青,和铁生住在同一条街上,暂时在那个生产组干着,他建议铁生也去那里。

铁生说,自己想去就怕人家不要他。

朋友安慰他,怎么会呢,又不是什么正式工厂,什么大单位的,再说了,那里的老头老太太都特善良,心眼都好着呢。

当时,铁生的父亲不大乐意铁生去,他可能有很多顾虑,可能担心铁生出门的安全,担心铁生的脾气,更担心铁生被人欺负。

父亲本来就沉闷,也不会表达,但是他的意思铁生懂,他宁可养活铁生一辈子。

而铁生已经明白一个基本事实:所有正式的招工单位对自己的轮椅和轮椅上的自己都害怕得"唯恐避之不及",那恐怕就意味着自己需要一辈子关在家里,像条狗那么活,那么被人养着。

这是铁生最最害怕的。

所以,他坚持自己的想法,坚持摇着轮椅,在朋友的陪伴下,在狭窄的小巷里东拐西弯。这些小巷铁生上小学时就经常走,虽然熟悉,却再不能用脚走去。

循着铁生手摇车的车辙,他们先经过一棵半边身子都干枯了的老槐树,又经过一家有汽车房的大宅院,再是一个小煤厂,周围的路都是黑色的煤渣路,然后是一个杂货店、一座老庙,庙的外面是一段段很长很长的红墙,顺着红墙往前走,是一座有名有姓的监狱。

朋友停住脚步说,到了,就是这儿了。

和老屋见面,铁生对此有过非常生动且令人过目不忘的描述。

铁生说:"我便头一回看见这两间老屋:尘灰满面。屋门前有一块不大的空场,就是日后盖起那几间新房的地方,秋光明媚,满地落叶金黄,一群老太太正在屋前的太阳地里劳作,她们大约很盼望发生点儿什么格外的事,纷纷停了手里的活儿,直起腰,从老花镜的上缘挑起眼睛看我⋯⋯房顶上还蹲着一个老头,正在给漏雨的屋顶铺沥青。"

关于老屋的昏暗与无聊,铁生在他《庙的回忆》中这样写道:"老屋里昏暗而且无聊,我们就到外面去,一边干活一边观望街景,看来来往往的各色人等,时间似乎轻快了许多。早晨,上班去的人们骑着车,车后架上夹着饭盒,一路吹着口哨,按响车铃,单那姿势就令人羡慕。"

"我们从早到晚坐在那面庙墙下,眼观六路耳听八方,不用看表也不用看太阳便知此刻何时。一辆串街的杂货车,'油盐酱醋花椒大料洗衣粉'一路喊过来,是上午九点。收买废品的三轮车来时,大约十点。磨剪子磨刀的老头总是星期三到,瞄准生产组旁边的一家小饭馆,'磨剪子嘞——戗菜刀——'声音十分洪亮;大家都说他真是糟蹋了,干吗不去唱戏?下午三点,必有一群幼儿园的孩子出现,一个牵定一个的衣襟,咿咿呀呀地唱着,以为不经意走进的这个人间将会多么美好,鲜艳的衣裳彩虹一样地闪烁,再彩虹一样地消失。四五点钟,常有一辆囚车从我们面前开过,离柏林寺不远有一座著名的监狱,据说专门收容小偷。有个叫小德子的,十七八岁没爹没妈,跟我们一起在生产组干过。这小子能吃,有一回生产组不知惹了什么麻烦要请人吃饭,吃客们走后,折箩足足一脸盆,小德子买了一瓶啤酒,坐在火炉前稀里呼噜只用了半小时脸盆就见了底。但是有一天小德子忽然失踪,生产组的大妈大婶四处打听,才知那小子在外面行窃被逮住了。以后的很多天,我们加倍地注意天黑前那辆囚车,看看里面有没有他;囚车呼啸而过,大家一齐喊'小德子!小德子!'"

那种无聊与无望,被铁生刻画得入木三分。

如果铁生是一棵树,那么此刻,他生命的枝子被命运压弯到尘土里,他匍匐在那里,心灵感到压抑和窒息,他的理想,他的爱情,还能在尘埃中开放出花朵吗?

他的成名作《午餐半小时》就诞生在此

就这样,伴随着老屋清晨袅袅升起的煤烟,伴随着老屋黄昏时关灯和锁门的声响,春去秋来,岁月更迭。

他们需要干的活儿其实并不累,甚至还很文雅,就是在仿古的家具上描绘仕女佳人、花鸟树木、山水楼台,然后在漆面上雕刻出它们的轮廓、衣纹、发丝、叶脉,再上金打蜡,金碧辉煌地送去出口,给国家换回外汇。

到这里来的年轻人,有的是像带他来这里的那个朋友,在等着分配一个更好的工作。有的像铁生一样,都有着或轻或重的残疾。这里健康的年轻人一拨拨来了又一拨拨被招工走了,找到了一份更理想的工作。而那些残疾的年轻人,都一拨拨被剩了下来,有七八个人。他们占据了老屋的一角,常常一边干活儿一边唱歌,忧愁的时候也唱,其实是为了忘记忧愁。

因为心情不好,人与人之间也有一些耍贫嘴、斗嘴、怄气或者吵架之类的事。

那不过是极度无聊和烦闷之余的宣泄和小插曲。

他们也有理想,年轻人的理想都是希望离开这里,找到一个全民体制的单位,有一份正式的工作。

而这些老年人的理想就是盼着生产组能够发达,有公费医疗,一旦干不动了也能算退休,儿孙成群终不如自己有一份退休金可靠。这些老年人大多并不识字,五六十岁才走出家门,前半辈子都是家庭妇女,在家里侍候丈夫和儿女。

关于他们在底层的生活,关于他们的善良和无知以及他们所谓的颇有"阿Q"精神的自嘲和愿望,铁生在其成名作《午餐半小时》里通过小说情节有过生动的刻画和描述,由此已经显露出善于观察和善于描述细节的文学素养与能力。

比如,他通过一个细节来描述他们的文化层次:"总共这八个半人(有一个双腿瘫痪的小伙子只能算半个人)谁也不知道阿Q是谁,倒是有人知道鲁迅。为了他是否也住在中南海,大伙昨天刚刚探讨过,尽管那个瘫痪小伙子表示了不同意见,但最后大伙还是同意了白老头的见解:那么有名的人,还用说?嘁!"

关于他们的生活,铁生这样写:"搪瓷缸子响了一两阵,这间低矮的老屋里弥漫着浓厚的韭菜馅味儿。'搁了几毛钱肉?''肉?哼,舌头肉!'"

闲聊中,一个老太太说起自己在窄胡同里遇到一辆红旗车的事。于是,快乐地幻想,要是被红旗车"打了眼",可算造化了,从此可以消消停停一躺,来俩勤务兵伺候着,吃香喝辣的。甚至,他得给我儿子找房结婚,有厨房有厕所的。

他们甚至羡慕一个被一辆上海车撞死的傻丫头,赔偿了一千块呢。

一些没有知识和文化也没有理想和梦想的老年人,还可以这样自娱自乐,还可以这样打发无聊又无奈的日子。

但是,年轻如铁生呢?他的梦想呢?他的爱情呢?他的前途呢?他漫长的一生呢?

难道就这么过?

他在小说《没有太阳的角落》里写过自己最真实的尴尬、痛苦和绝望。

他在清晨、晌午或者傍晚,与其他两名残疾青年结伴而行,他最怕看见天真稚气的孩子,害怕他们纯洁而好奇的眼睛,害怕听见他们的童言无忌,害怕看见年轻的母亲对孩子的斥责和巴掌,他说:"那巴掌像打在我们的心上。"

他写道:"这最难办,孩子无知,母亲好心。如果换了相反的情况,我们三个会立刻停了下来,摆开决死的架势……还有什么舍不得的么?那些像为死人做祈祷一样地安慰我们的知青办干部,那些像挑选良种猪狗一样冲我们翻白眼的招工干部,那些在背后窃笑我们的女的,那些用双关语讥嘲我们的男的,还有父母脸上的忧愁,兄弟姐妹心上的负担……够了,既然灵魂失去了做人的尊严,何必还在人的躯壳里滞留?!我不想否认这世上存在着可贵的同情。有一回,一个大妈擦着眼泪劝我说:'别胡想,别想那么多,将来小妹会照顾你的,她不会把哥哥丢了……'天哪,原来这就是我活在世上的价值!废物、累赘、负担……"

这话,你如能设身处地地想,你就会感觉到痛入骨髓的悲哀和绝望!

刻骨铭心而无果的初恋

冬天将尽,春天将至,冻土都融化了,老屋里洋溢着欢快的气氛,因为新屋就要破土动工了,这是大家伙儿盼望了许久的事。

空地上堆满了盖房子用的基建材料,砖瓦木料也都备得齐全。

负责这件事的是一个老头。

这天,发生了一件对铁生触动很深的事情,从他的文字中我们得以了解事情的来龙去脉。

那个老头从基建队带来一个被叫作三子的人。这个年轻人一眼看上去,就觉得脑子可能有些毛病。

他站在铁生的轮椅前,叫着铁生的名字问:"喂,还认得我吗?"

铁生仔细看,虽然来人面相老成,皱纹满脸,但还是慢慢认出他儿时的模样,是自己小学的一个同学。

这是个智商不高的孩子,小学上了十一年也没毕业。

铁生很惊讶:"多少年了啊,你还记得我?"

三子憨厚地说:"那我还能不记得,你是咱班功课最棒的。"

事后,那个被铁生在文章里称作 B 大爷的老头告诉铁生,三子一边挖土一边念念叨叨地为铁生叹息:"谁承想他会瘫了呢?唉,这下他不是也完了?这辈子我和他都算完了……"

有人在旁边护着铁生,吓唬三子说:"你他妈完了就完了吧,人家怎么完了?再胡说留神我抽你。"

铁生说:"三子便半天不吭声,拄着锹把低头站着。B大爷叫他,他也不动,B大爷去拽他,他慌忙抹了一把泪,脸上还是歉意的笑……"

B大爷把这些话好意地告诉铁生,他的意思是,这个三子傻吗?他可一点儿也不傻,只不过是脑子不好使,他其实心里什么都明白着呢。

铁生漫不经心地附和着,但是,他的内心深处还是隐隐作痛,三子的话、三子的善良以及三子为铁生的叹息,都深深刺痛了他的心。他,当年班里学习最好的学生,而三子,小学上了十一年都没能毕业的孩子,他们的智商想必不是相差一点儿半点儿了,而他现在的处境,连这个被人叫作"傻子"的三子都说完了,和自己一样都玩完了。

铁生想:"一个傻人的话最可能是真的,因为他不会拣好听的说,不会恭维人,他只可能说自己看到和想到的。"

三子的话让铁生的心里灌满了惶恐和绝望,让他的心一阵阵疼痛难忍。

在一个智商有缺憾的人眼里,他尚且如此不堪,那么,在别人眼里呢,在一个健康、美丽、善良的女孩儿眼里呢?

何况那女孩儿还不是个一般的女孩儿,她在铁生心里纯洁美丽如同天使。

她会怎么看待铁生呢?

铁生说:"残疾已不可更改,他相信他不应该爱上她,但是却爱上了,不可抗拒,也无法逃避。就像头上的天空和脚下的土地。因而就只有这一个词属于他:折磨。并不仅因为痛苦,更因为幸福,否则也就没有痛苦也就没有折磨。正是这爱情的到来,让他想活下去,想走进很大的那个世界去活上一百年……就这样就这样,就这样一百年也还是短。那时他想,必须努力去做些事,那样,或许有一天就能配得上她……"

但是,他心里也是明白的,必有一块巨大的阴影或者黑洞,将无情拆散或者吞没他们的爱情。

他不知道,这个黑洞现在在哪里——脚下？前方？

那个可怕而必降临的黑洞,必定等在他未来的路上,总有一天他必须面对。无论是恐惧还是胆怯,他都必须直面。

哪怕是刀山火海,他都要穿过,没有人可以代替他。

被刻意忽略的事件

铁生在两条腿突然瘫痪之后，曾经暗暗下了一个决心：这辈子就在屋里看书吧，哪儿也不去了。

一般人遇到这样的挫折，都会产生类似的自闭想法，那其实是一种害怕被伤害和渴望逃避的心态。

但是，他还是那么年轻，还有一颗那么鲜活而热血的心，他怎么能不渴望外面那个无比广阔而多彩的世界呢？

所以，就像后来他自己说的："可等到有一天，家人劝说着把我抬进院子，一见那青天朗照、杨柳和风，决心即刻动摇。又有同学和朋友们常来看我，带来那一个大世界里的种种消息，心就越发地活了，设想着，在那久别的世界里摇着轮椅走一走也算不得什么丑事。"

但是，在那个年代，连个像样的轮椅都没有地方买。

家人和朋友偶尔在医疗用品商店里看到一款，那笨重和昂贵都让人不敢问津。

一位邻居为铁生设计了一辆轮椅，并且细致地画出图纸。

铁生的父亲就捧着这张图纸，满北京城跑，希望能有人按照图纸给铁生制作一辆轮椅，代替儿子不能活动的双腿。

他怀着热望，不厌其烦，把自己的诉求重复了无数遍。就这样，

1998年，史铁生和朋友在一起。王金亮供图

> 有同学和朋友们常来看我，带来那一个大世界里的种种消息，心就越发地活了，设想着，在那久别的世界里摇着轮椅走一走也算不得什么丑事。

他一连跑了好多天,才有一家黑白铁加工部答应可以按照图纸制作。用材是两个自行车的轮子、两个万向轮和数根废弃的铁窗框子。后来,他又求人在两侧装上支架,撑起一面木板。

而铁生的母亲则一针一线,为他缝制了柔软舒适的坐垫和靠背垫。

第二辆轮椅是铁生的同学们合资馈赠的。

铁生说:"那轮椅我用了很多年,摇着它去街道工厂干活,去地坛里读书,去知青办申请正式工作,在大街小巷里风驰或鼠窜,到城郊的旷野上看日落星出……摇进过深夜,也摇进过黎明,以及摇进过爱情但很快又摇出来。"

摇进过爱情又很快摇出来,究竟是怎样的过程?这个过程对铁生的个人生活和心灵究竟产生了怎样的影响、怎样的感悟?

毫无疑问,铁生在失去站立和行走的自由之后,曾经邂逅了一段刻骨铭心而无果的初恋。

他为什么不完整地写出来呢?

铁生那么出色的文笔,如果写出来,肯定是一篇有关爱情的难得的美文佳作,更重要的是,我认为用文字写出来,那是对心灵一个释放和治愈的最有效的过程。

但这个事件,只有铁生的家人和他身边最亲密最信任的朋友知道,而读遍他的作品——他的文字和写作,他思考和谈到的问题,几乎涉及了人生和生命以及信仰问题的方方面面,却鲜有对初恋的记录。

这个事件,我想,也是我在本书中无法回避的部分。

终于,我在他的《比如摇滚与写作》一文中看到,他以第三人称描写了一个伤残青年,因为爱和思念以至忽略了世俗的观念,摇着轮椅看望自己心爱恋人的经历。

我之所以相信这是铁生本人的经历和痛苦,是因为这篇文章的体裁是散文而不是小说,故而不是虚构,文中流露出来的痛也是如此真实和刻骨铭心。

请允许我引用铁生本人的文字,因为我担心,我的叙述或者解释会在不经意中偏离他的本意。

铁生是这样描写的:

> 我还记得一个伤残的青年,是怎样在习俗的忽略中,摇了轮椅去看望他的所爱之人。
>
> 也许是勇敢,也许不过是草率,是鲁莽或无暇旁顾,他在一个早春的礼拜日起程。摇着轮椅,走过融雪的残冬,走过翻浆的土路,走过滴水的屋檐,走过一路上正常的眼睛,那时,伤残的春天并未感觉到伤残,只感觉到春天。摇着轮椅,走过解冻的河流,走过湿润的木桥,走过满天摇荡的杨花,走过憧憧喜悦的楼房,那时,伤残的春天并未有什么卑怯,只有春风中正常的渴望。走过喧嚷的街市,走过一声高过一声的叫卖,走过灿烂的尘埃,那时,伤残的春天毫无防备,只是越走越怕那即将到来的见面太过俗常……就这样,他摇着轮椅走进一处安静的宅区——安静的绿柳,安静的桃花,安静的阳光下安静的楼房,以及楼房投下的安静的阴影。
>
> 但是台阶!你应该料到但是你忘了,轮椅上不去。
>
> 自然就无法敲门。真是莫大的遗憾。
>
> 屡屡设想过她开门时的惊喜,一路上也还在设想。
>
> 便只好在安静的阳光和安静的阴影里徘徊,等有人来传话。
>
> 但是没人。半天都没有一个人来。只有安静的绿柳和安静的桃花。

那就喊她吧。喊吧,只好这样。真是大煞风景,亏待了一路的好心情。

喊声惊动了好几个安静的楼窗。转动的玻璃搅乱了阳光。你们这些幸运的人哪,竟朝夕与她为邻!

她出来了。

可是怎么回事?她脸上没有惊喜,倒像似惊慌:"你怎么来了?"

"呵老天,你家可真难找。"

她明显心神不定:"有什么事吗?"

"什么事?没有哇。"

她频频四顾:"那你……?"

"没想到走了这么久……"

她打断你:"跑这么远干嘛,以后还是我去看你。"

"咳,这点路算什么?"

她把声音压得不能再低:"嘘——,今天不行,他们都在家呢。"

不行?什么不行?他们?他们怎么了?噢……是了,就像那台阶一样你应该料到他们!但是忘了。春天给忘了。尤其是伤残,给忘了。

她身后的那个落地窗,里边,窗帷旁,有个紧张的脸,中年人的脸,身体埋在沉垂的窗帷里半隐半现。你一看他,他就埋进窗帷,你不看他,他又探身出现——目光严肃,或是忧虑,甚至警惕。继而又多了几道同样的目光,在玻璃后面晃动。一会儿,窗帷缓缓地合拢,玻璃上只剩下安静的阳光和安静的桃花。

你看出她面有难色。

"哦,我路过这儿,顺便看看你。"

你听出她应接得急切:"那好吧,我送送你。"

"不用了,我摇起轮椅来,很快。"

"你还要去哪儿?"

"不。回家。"

但他没有回家。他沿着一条大路走下去,一直走到傍晚,走到了城市的边缘,听见旷野上的春风更加肆无忌惮。那时候他知道了什么? 那个遥远的春天,他懂得了什么? 那个伤残的春天,一个伤残的青年终于看见了伤残。

看见了伤残,却摆脱不了春天。春风强劲也是一座牢笼,一副枷锁,一处炼狱,一条命定的路途。

此时无声胜有声

他在一篇名为《春天》的文章中,这样写道:"我摇着轮椅,毫无目的地走。街上车水马龙人流如潮,却没有声音——我茫然而听不到任何声音,耳边和心里都是空荒的岑寂……劳累有时候能让心里舒畅、平静,或者是麻木。这一天,我沿着一条大道不停地摇着轮椅,不停地摇着,不管去向何方,也许我想看看我到底有多少力气,也许我想知道,就这么摇下去究竟会走到哪儿。夕阳西坠时,我看见了农田,看见了河渠、荒岗和远山,看见了旷野上的农舍炊烟。这是我两腿瘫痪后第一次到了城市的边缘。"

是远行的列车尖锐的汽笛声和身后城市"隆隆"的轰响声惊醒了他,他想,如果爱情就被这身后的喧嚣湮灭,就被这近前的寂静囚禁,这个世界又与你何干?

身上的汗被郊外黄昏的风吹凉了,他感觉到了冷,从身体到心灵,彻骨的冷。

他就这样摇。

他继续疯狂地往前摇,心想,摇死吧,看能不能走出这个偌大的世界。

这个时候,他遇到了一个年轻的长跑者,铁生在《我与地坛》中提到过他们之间的友谊。

那个朋友没有想到会在这里遇到铁生,他在铁生的身旁收住脚步,愕然地看着他问,这是要到哪儿去?铁生说回家。

也许这个时候,他的心里才略为恢复清醒和理智,他想起了家和家中焦急等候他回去的亲人。

朋友问,你可知道这是哪儿吗?

铁生默然地摇摇头。

他确实不知道这是哪里,他也不想知道。

那个朋友便不再问,推着他的轮椅默默地跑,朝着隆隆轰响的城市,向着城市里密聚的灯光。

后来,铁生在《我与地坛》中有过这样一段话:"要是有些事我没说,地坛,你别以为是我忘了,我什么也没忘,但是有些事只适合收藏。不能说,也不能想,却又不能忘。它们不能变成语言,它们无法变成语言,一旦变成语言就不再是它们了。它们是一片朦胧的温馨和寂寥,是一片成熟的希望与绝望,它们的领地只有两处:心与坟墓。"

这里,我还是借用铁生的话说吧,他说:"无言是对的。"

我想这大概是因为,任何语言都有自己的局限性或者穷尽之处吧。

此时无声胜有声。

选择自杀,并非不热爱生活

那一天,长跑朋友遇到了铁生,或者说,铁生遇到了长跑朋友,都是朋友也是铁生绝对没有想到的事情。

我忍不住想:假设他们没有遇到,铁生会如何呢?一个分外痴情而又绝望的人会做出什么样的选择呢?

铁生从来不避讳谈到自杀,他甚至有些骄傲地说过,只有人类会想到自杀,因为只有人类是除了活着还要追问和寻找活着的意义的生物。

关于自杀,铁生在《康复主义断想》一文中有更为详尽和深刻的论述,他说:"我以为那是人类的一种光荣品质,是人与其他动物的一个分界。只有人会自杀,因为只有人才不满足于单纯的生物性和机器性,只有人才把怎样活着看得比活着本身更要紧,只有人在顽固地追问并要求着生存的意义……"

我也认为,一个选择自杀的人并非不热爱生活,而是爱得太专注太深情——他或者她,毕竟在自杀之前有过许多美好的理想以及对爱情的美好期许,一个没有希望的人是不会绝望的,只有所有的希望都如泡沫那样破灭之后,人才会关闭自己的心以及眼睛。

因为这个世界对他已经没有意义了。

我曾经有过那样的时刻,就仿佛驾驭着一条无桨也无帆的小船在惊涛骇浪里左冲右突,而前方的灯光一盏盏被关闭,连星星也没有了,整个世界一片黑暗,看不见方向也看不见未来,那就是绝望。

我也曾认真考虑过自杀,如何死得美一点儿,如何伪装成一次意外,如何让亲人、恋人躲开内心的谴责和痛苦?

那时的死并不可怕,倒像是一种美丽的希望和浪漫的诱惑。

我们可以假设——

如果,铁生那次没有意外地碰到他的长跑朋友,如果,黑夜来临,他的力气用尽而摇不回去了,人在黑夜里是最脆弱也是最勇敢的,他会选择什么呢?

还有一次更偶然的事件。

据铁生的朋友孙立哲说,铁生双腿瘫痪之后,在医院里试图用电线自杀——为了自杀计划不受到任何干扰,铁生选择了深夜三点钟。

那时候,医院里静籁无声,病人,包括值夜班的医生都睡着了,没有任何人这时候会走进来。

他把电线缠绕在自己的身体上,他只需要伸手将电线接触到台灯的线头……

我不愿意更深地想象铁生当时的心情,我只知道他选择这种万无一失的方式和时间,就已经无言地证明了他赴死的决心。

他无法动弹,身不由己,只能选择这种非常惨烈的方式。但是,他万万没有预料到,就在这千钧一发之际,一个最不可能出现的人却出现了。

一个医生好没影地突然想来看看铁生……

所以,在那个白天与黑夜交接的时刻,在那个城市与乡村交界的地方,我们可以把他那个长跑朋友的出现看作一个偶然,而这次这个医生深夜的突然出现,虽属偶然之举,但在我看来,却无论如何更像是命运的一个精心安排。

我相信,命运选定一个思想者必先试炼他,就像上帝选择耶稣被钉十字架,承担人类的罪责和苦难,也必要他经过艰苦的试炼,他在旷野里四十天,就经受过魔鬼撒旦的种种试探。

铁生因此活了下来——也许是他的苦难还没有到头,也许是他还有未竟的使命,也许是我们和这个世界都需要他!

耶稣在被钉上十字架之前,也有过脆弱的时候,也曾彻夜祈祷,请求上帝或者"免去这杯苦酒"或者给他勇气和力量。

但是,耶稣虽然也有人子的软弱和动摇,却无法推卸自己神圣的使命!

因为那就是他的命运,是他生命的价值所在。

而铁生如是——我们不会因为他一时的胆怯而责备他,反而更敬佩他最终勇敢地承担起自己的命运和使命。

第五章
任何灾难的前面都可能再加一个『更』字

生病也是生活体验之一种……生病的经验是一步步懂得满足。发烧了,才知道不发烧的日子多么清爽。咳嗽了,才体会不咳嗽的嗓子多么安详。刚坐上轮椅时,我老想,不能直立行走岂非把人的特点搞丢了?便觉天昏地暗。等到又生出褥疮,一连数日只能歪七扭八地躺着,才看见端坐的日子其实多么晴朗。后来又患尿毒症,经常昏昏然不能思想,就更加怀恋起往日时光。

终于醒悟:其实每时每刻我们都是幸运的,因为任何灾难的前面都可能再加一个"更"字。

——史铁生

他看到了光

的确,铁生的苦难还没有到头,他仿佛站在人生的顶峰,意外地坠落,他不知道谷底在哪里,那里有着什么样的困境。

他体会着自己目前的处境并且试图用文字描述它们,那就是铁生后来引起文学界重视的小说《没有太阳的角落》。

他写道:"这是我们的角落,斑驳的墙上没有窗户,低矮的屋顶上尽是灰尘结成的网。……铁子说这儿避风,克俭说这儿暖和,我呢?我什么也没说。我只是想离窗户远一点儿,眼不见心不烦——从那儿可以看见一所大学的楼房,一个歌舞院的大门和好几家正式工厂的烟囱。"

也是在这篇小说里,铁生写了一个没有结局的爱情故事。

一个如雪一样纯洁的女孩儿王雪出现了,"她像一道亮光,曾经照亮过这个角落,又倏地消逝了"。

小说里的"我"深深地爱上了王雪,但是,"心上的防御工事就又自然地筑起来了——那是一道深壕沟,那是一道深深的伤疤,那上面写着三个醒目的大字'不可能'。何况还有那封信呢?那封信……哦,心在追求人间仅有的一点快乐的同时,却在饱受着无穷痛苦的侵蚀,这痛苦无处诉说,只有默默地扼死在心中,然后变成麻木的微笑,再去掩饰心灵的追求……"

当初,铁生为什么毅然离开自己深爱的姑娘?

铁生提到有一封信。

那信明显是那姑娘的亲人或者朋友写给她的,上面说,你不要和他来往过密,你应该慢慢地疏远他,因为他可能会爱上你,而你只能使他痛苦,会害了他。

铁生说:"那时我就懂了,我没有爱和被爱的权利,我们这样人的爱就像是瘟疫,是沾不得的,可怕的。我就离开了我心爱的姑娘。她现在在哪儿呢?"

对一个年轻的生命来说,爱情胜过生命,在爱情上被判了死刑的人,一定比在生命中被判死刑的人更绝望更痛苦。

铁生后来的小说《命若琴弦》,其中写到一个小瞎子和一个叫兰秀儿的山村女孩儿萌发的真挚初恋和无望的结局。

老瞎子回到野羊坳时已经是冬天。村里人告诉他,小瞎子已经走了些日子。他说让您甭找他。

老瞎子问:什么时候走的?

人们想了好久,都说是兰秀儿嫁到山外去的那天。

老瞎子心里便一切全都明白了。

茫茫雪野,皑皑群山,天地之间蹼动着一个黑点。走近时,老瞎子的身影弯得如一座桥。他去找他的徒弟。他知道那孩子目前的心绪、处境。

铁生这样描述:

在深山里,老瞎子找到了小瞎子。小瞎子正跌倒在雪地里,一动不动,想那么等死。老瞎子懂得那绝不是装出来的悲哀。老瞎子把他拖进一个山洞,他已无力反抗。

老瞎子捡了些柴,打起一堆火。

小瞎子渐渐有了哭声。老瞎子放了心,任他尽情尽意地哭,只要还能哭就还有救,只要还能哭就有哭够的时候。

小瞎子哭了几天几夜,老瞎子就那么一声不吭地守候着。火光和哭声惊动了野兔子、山鸡、野羊、狐狸和鹞鹰……

终于小瞎子说话了:"干吗咱们是瞎子!"

读到这里,谁能不动容?

那一声问,充满迷茫、困惑、痛苦和绝望。

我想说,这种痛不欲生的感觉,这种对命运和苍天无比悲愤的质问,也一定源于铁生自身刻骨铭心的感受。

被自己深爱的人抛弃、背叛,一定是人最惨痛的经历和疼痛。

我意识到:人生有两大最深刻的感情困境和绝境——生离与死别。生离,就是用强力、刀、剑,如剖腹挖心般,把一个你爱的人,从你的眼睛里、心里、记忆里、血里、肉里,从你们已经合为一体的肉体上,生生地撕裂和剜出来……

它的惨烈和痛苦的程度,足足可以改变一个人,改变一颗心的形状、热度和颜色。同时,它也如同烈火试真金般锻造一颗纯净的心。

《命若琴弦》中还有一个情节:

老瞎子的师傅把一张纸封进琴槽,告诉他,里面是可以复明的药方,但必须弹断一千根琴弦之后才能打开。

当老瞎子终于弹断一千根琴弦之后,用这个药方去抓药的时候,药房先生告诉他,这只是一张白纸!

这个情节到底隐喻着什么?

电影《肖申克的救赎》里有这样一句话:希望是个好东西!多年之后看到这里,电石火光一样击中我,我想到了《命若琴弦》中的这个情节,突然明白:老瞎子的师傅不是谎言不是欺骗——老瞎子也明白了师傅的良苦用心,所以又把那张白纸封进了小瞎子的琴槽。因为人活着必须给自己找一个理由！人是为希望而活着啊！

这也就是铁生在《命若琴弦》中想告诉我们的人生哲理吧——心中有了希望，你就可以以歌当哭，就可以边走边唱，就可以走过今天而向往明天！

读懂这一点，瞬间，我泪流满面。

还是在《没有太阳的角落》这篇小说里。

当小说中的"我"知道有人给自己深爱的王雪介绍了一个大学生，而这个大学生可以帮助王雪找到一份更好的工作时，"我的心像掉进了一眼枯井……明天可怎么过呢？我还能拄双拐兴致勃勃地朝这儿走么？希望，尽管那是可望而不可即的希望，但是没有它是多么可怕……我的心摔在了漆黑的井底。我真想就永远呆在这井底，忘记世界，也让世界忘记我"。

但是，随后铁生又写道："王雪是个好姑娘，她应该享有比别人更多的幸福，她最应该！……难道好人只有用牺牲去证明她的好吗？难道幸福只是为那些把我们另眼相看的人预备的？我们的心灵不是在顽固地追求么？唔，己所不欲勿施于人！"

我不知道别人读到这段朴实无华的话时有什么感觉，我只知道，这段话深深感动了我，因为我相信，这些话一定是铁生在心里无数次解劝自己、安慰自己、告诉自己的话。

站在所爱人的角度，替她着想，原谅和宽容她的无奈、不得已甚至软弱，然后最真诚地祝福她，这已经是爱情的最高境界了。

痛苦可以腐蚀人的灵魂和善良，也可以升华人的灵魂和善良。

我们有理由为铁生骄傲和欣慰。

铁生，最终没有停留在漆黑和令人窒息的井底，他勇敢地踏着痛苦升起来，让自己的心和灵魂一起站立在巍峨的山顶，所以，他看到了光，并且像当年的萧红那样，向着这光"怀着永久的憧憬和追求"！

必须背负的十字架

  黑暗与光的争夺,现实与理想的落差,痛苦与希望,仍然每一天都出现在他黯淡的生活里。
  他的痛苦并没有到头,命运也并不因为他的坚强勇敢而有所收敛或者生就恻隐之心。
  他注定被痛苦无休无止地试炼,就如同一块生铁在熔炉里被重新冶炼和锻造。这是他人生必须背负的十字架。
  我想,这样的处境、这样的遭遇——他除了与环境和命运抗争之外,他还要与自身的悲观失望以及自卑做艰苦的抗争。
  那是一场艰苦卓绝的斗争,因为,环境和他人将不断打击你,使你好不容易积攒起来的勇气和力量瞬间崩溃。
  铁生的好朋友孙立哲在铁生去世后,接受电视台采访时谈过铁生曾经历的一次屈辱事件。
  那是冬天。
  铁生去他的街道工厂上班了。
  傍晚,孙立哲站在铁生的家门口等他回来。
  通常这个时候,铁生会摇着轮椅出现在他家门前的马路上,在川流不息的自行车的人流中,他的轮椅显得很特别、很显眼。
  虽然整整一天了,铁生十分疲惫,但是,他总是安详而从容,缓缓地摇着轮椅,毕竟对他来说,安全才是最重要的。

但是这一次,铁生不仅回来得比较迟,而且,他没有了往日的安闲和缓慢,使劲摇着轮椅,几乎把所有的力量都用了出来。

那姿势,更像一种发泄。

离近了,孙立哲看清楚了,铁生的表情严肃而愤怒,而且,铁生头上的帽子呢?这么冷的天,这么大的风!

因为铁生不像别人,可以走路和活动进而产生热量,他基本不能动,特别怕冷,一般冬天出门他都是全副武装,包裹得严严实实的。

何况,他的身体绝大部分毫无知觉,最怕冻伤,引起肌肉组织的坏死。

孙立哲感觉到发生了什么事,他急忙迎上前去,恭敬地说,大哥,你回来了。

通常这个时候,铁生会露出兄长般宽厚的笑容。看见朋友,铁生都是高兴的,更不用说是亲如兄弟的孙立哲了。

铁生没有笑,他表情僵硬,似乎根本笑不出来——孙立哲说,他看见铁生的脸色铁青铁青的,冻得发紫的嘴唇还微微哆嗦着。

铁生是经过"世面"的,能有什么事让他这么变颜变色啊?

孙立哲给铁生点了一支烟递过去。

铁生接过来,猛烈吸了几口,然后重重地吐出来,他的脸色渐渐变得柔和了一些。

原来,铁生下班后摇着轮椅走在路上,遇到几个骑自行车的"混混"。他们看铁生是一个人,就围住他,不仅用最难听的话辱骂他,还欺负他站不起来。他们骑着自行车绕着铁生的轮椅,拦截他,轮番打他,抽他耳光,铁生用拐杖和他们周旋。

但是,铁生哪是他们的对手呢?他们还趁机抢走了铁生头上的帽子,然后得意地扬长而去。

这样类似的事件,我想,对铁生而言绝不是第一次,也不会是最后一次。

面对命运的不公平,他如何看?

　　铁生必须终生与这样的事件、这样不被尊重和不平等的待遇遭逢,必须学会如何正确对待,必须保持心灵的自尊和纯净,而不能让心灵被压抑、欺辱、打击、愤怒和仇恨腐蚀。

　　而对抗这一切的,唯有内心深处的爱与理性,以及铁生在类似事件中所感悟的:放弃愤怒!

　　他的深刻、理性和睿智,使中国文坛多了一位以思考为己任的作家、思想的建设者,而不是一位只会发泄的破坏者和悲观主义者。

　　铁生毕竟是铁生,这样的遭遇和场景,在他平静下来恢复惯常的理性之后,他思考的肯定不是一般的怨愤难平,而是生死、尊严和平等的问题。

　　后来,我看到一个记者采访铁生的谈话记录。

　　记者问铁生:"你想过死吗?"

　　铁生则明确对记者指出:"你是说寻死,或者说自杀,但是你不忍心用这个词。用不着这样,想寻死不见得就是坏事,这说明一个人对生命的意义有着要求,否则的话他怎么活着都行。"

　　铁生也毫不避讳地承认自己曾经非常渴望过死,祈求过死,总之是因为感到了绝望。

1995年,史铁生在北京。黑明摄

> 那头野兽看见我们就逃而不是我们看见它就逃,当我们忘记了残疾,就是说我们自己心里先不受那残疾的摆布,那时,平等便悄然而至,不用怎么喊它,它自然就要光临。

铁生这样描述绝望:"比如说,你终于明白你再也站不起来了。比如说,才只有二十一岁,你却不能上大学,大学已经预先把你开除了;你也找不到正式工作,好像你已经到了退休的时候;差不多所有的人都会称赞你的坚强,但是有一个前提:你不要试图成为他们的女婿;如果你爱上了一个姑娘,你会发现最好的方式是离开她,否则说不定她比你还痛苦;你最好是做个通情达理的人,那样会安全些,那样你会得到好评,但是这样一来你就不知道为什么还要活着了;这就是绝望。如果你走运你会有一对爱你的父母,会有一些好朋友,但是你经常会在他们脸上看见深深的忧虑,你自然就会想,你活着是给他们带来的帮助多呢还是麻烦多?是安慰多呢还是愁苦多?这就是绝望。"

他对残疾人所向往的平等也有自己深刻的见解。

他说:"平等,这件事跟爱情差不多。平等很可爱,是你朝思暮想的情人,比如这么说。但是,不是你爱上谁谁就也得爱你。不是你渴望平等,人家就一定把你平等相看。为此你拍案而起,得,人家没准儿更躲你远点儿,怕不留神'欺负'了你。人家跟你说话总得加着小心,那样你准保又要愤怒——难道跟残疾人说话就总得这么小心翼翼吗?你又要喊——残疾,给了我们什么特权!就这样,你越愤怒人家越把你另眼相看,越给你'特权',然后你更加地愤怒,结果弄成了个怪圈,一圈一圈地转下来你离平等越远了。(顺带说一句,你把人家也弄进一个怪圈里去了——欺负你是欺负你,不欺负你还是欺负你。)"

铁生说:"我曾经就是这样,把自己和别人都弄到怪圈里去了。幸运的是我看见了这个怪圈,发现打破它的办法首先是放弃愤怒。从愤怒到放弃愤怒,不等于不会愤怒,不等于麻木,尤其不等于沾沾自喜于做一道伪劣的风景。"

记者问:"应该说,放弃对别人的愤怒,把那美丽的愤怒瞄准自己。"

"对对。"

铁生说:"因为,平等要是丢了,一定不是贼偷了,一定是自己糊里糊涂地忘了它在哪儿。平等,确实很像爱情,不可强求。强求有时可以成婚,但那婚姻中没有爱情。即使人家愿意送给你平等,但是送来的肯定不是平等。"

"不过,要是人家不认为你有爱的权利呢(还有工作的权利、学习的权利),你也放弃愤怒?"

记者将了一军。

铁生微笑着回答:"你是说有人在违法?那还用说?义不容辞,愤怒地把他送交法庭或诉诸舆论就是。不过我想,这样的局面并不是最难应付的局面。最难办的是人家并不违法,只是在心里看不起你,目光中流露着对你的轻视和可怜,你可有啥办法?"

记者也被铁生的平静和理性感染,说:"用行动,只有用行动消除他们的偏见!用我们的意志、作为、智慧,来消除他们的偏见。"

到底是铁生思考得更深入,他对记者说:"好主意。好主意倒是好主意,可要是你的行动仅仅以他们的偏见为坐标,仅仅是根据那些偏见做出的反应,你还是有点儿像夺路而逃,逃进一种近乎复仇雪耻的勇猛中去了。但是这样的出逃,很可能急不择路而掉进什么泥沼里去。我看过一本书,书中有段话,大意是这样:我们可以为了从高处鸟瞰风景的缘故而去爬一棵树,也可以由于有一头野兽在后面紧紧追赶的缘故而去爬一棵树。在这两种情形下我们都是在爬树,但动机却完全不同。前者,我们爬树是为了娱乐;后者,我们则是受恐惧的驱使。前者,我们要不要爬树完全是我们的自由;后者,我们喜不喜欢都得这样做。前者,我们可以寻找一棵最适合我们意图的树;后者,我们却无法选择,必须立刻就近爬上树去,也就是说由一头野兽替我们做出了选择。"

记者也有所感悟,由衷赞美道:"这个比喻挺不错。平等的前提,非得是自由不可,心灵的自由。爹娘让你娶 A 小姐你无奈就娶了 A 小姐,这是包办婚姻;爹娘让你娶 A 小姐你一气之下就娶了 B 小姐,这其实仍不是自由婚姻。关键是你到底爱不爱?爱谁?你是不是尊重和服从了自己的爱、自己的愿望和意志?当然,你还得像尊重自己一样地尊重 A 小姐和 B 小姐的意愿。"

对!铁生回答:"事业也是这样,一切都是这个逻辑。当我们摆脱了那头野兽,当那头野兽看见我们就逃而不是我们看见它就逃,当我们忘记了残疾,就是说我们自己心里先不受那残疾的摆布,那时,平等便悄然而至,不用怎么喊它,它自然就要光临。光临得既不鬼祟也不张扬。它光临的方式,主要不是从门外进来拜访你,而是从你心底涌起,并饱满地在那儿久住。"

"残疾,你相信真能忘记它吗?要是仍然有人因为残疾而歧视你呢?"

铁生从容答道:"法律管不了的事,只好由文明的慢慢发达来解决。有句俗话——听拉拉蛄叫还不种庄稼了吗?"

如耶稣在旷野,继续接受魔鬼的试炼

但是,命运并不因为铁生深刻、从容和坚强面对而放过他,他在生命的旷野中,还需要继续忍受命运这个魔鬼的试探和锤炼。

1975年,最爱他、从小把他带大的奶奶匆匆辞世。奶奶是在睡眠中离开的。

那一年,与铁生相依为命的奶奶七十三岁。

铁生在《奶奶的星星》一文中这样记录奶奶生命中的最后时刻以及自己的忏悔和思考:

> 那夜奶奶没有再醒来。我发现的时候,她的身体已经变凉。估计是脑溢血,很可能是脑溢血。
>
> 给奶奶穿鞋的时候我哭了。那双小脚,似乎只有一个大拇指和一个脚后跟。这双脚走了多少路啊。这双脚曾经也是能蹦能跳的,如今走到了头。也许她还在走,走进了天国,在宇宙中变成了一颗星星。

然而,奶奶一生所遭遇的不公平命运依然让铁生难以忘怀,他说:"现在毕竟不是过去了。现在,在任何场合,我都敢于承认:我是奶奶带大的,我爱她,我忘不了她。而且她实在也是爱这个新社会的……知道她这一生的人,都不怀疑这一点。"

铁生不能原谅自己的是这样一件事。

那时的每天晚上,奶奶都在灯下念报纸上的社论。那正是"反击右倾翻案风"的时候。

奶奶一字一顿认真地念,像一个小学生似的。但是,很显然,一些段落她看不懂,她不时看看在一边读书的铁生,想找机会让铁生给自己讲讲。

铁生明白奶奶的意思,他一是对那些社论反感,也没法和奶奶解释,再就是他觉得,奶奶学得再好又有什么用?

他坦言,自己就故意装作很忙,不给奶奶这个机会。

奶奶站起来给铁生倒茶,终于找到了说话的空当,她说:"你给我讲讲这一段行不?"

"咳,您不懂。"

"你不告诉我,我可不老是不懂。"

"您懂了又怎么样?啊?又怎么样?"

奶奶听出来铁生的话外之音,她不再说话。

第二天,奶奶还是自己一字一句地念报纸,不再问什么了。铁生一看她,她的声音就变小,挺难为情似的。

想起这件事,铁生的心里有些酸楚,以后他再也没有机会给奶奶讲什么了。

他的眼前又浮现出奶奶慈爱的面容。

奶奶就因为一个地主的成分,一生都活得小心翼翼、战战兢兢的……

铁生深深叹口气,忍不住看外面的星空。

奶奶亲手种下的老海棠树还活着,繁茂的枝叶间漏出点点或明或暗的星光。铁生愿意相信,奶奶已经化作天上的星星,用她微弱的光照耀着这个她爱过、生活过和痛苦过的大地。

铁生听别人说过有一种蚂蚁,遇到山火就千万只蚂蚁紧紧抱在一起,沿着火焰滚过去逃生,最外面的蚂蚁注定难逃劫难,但是它们中的大多数、它们的种群却得以生存和延续。

那种渺小生物的牺牲精神和勇敢,令他感慨不已。他由此想到,人类的路本来很艰难,历史,要用许多不幸和错误去铺路,人类才变得比那些蚂蚁更聪明。

他说,人类浩荡向前,在这条路上,不是靠恨,而是靠爱!

他写道:"而在我的梦中,我的祈祷中,老海棠树也便随着轰然飘去,跟随着奶奶,陪伴着她,围拢着她。奶奶坐在满树的繁花中,满地的浓荫中,张望复张望,或不断地要我给她说说:这一段到底是什么意思?——这形象,逐年地定格成我的思念,和我永生的痛悔。"

永不放弃的母爱

奶奶去世后的那些日子,父母亲依然在云南的林学院下放,母亲只好请假回来照顾铁生。

那时候的铁生已经明白,死是一件不必急于求成的事,但是,他的心里更清醒:"剩下的就是怎样活的问题了。这却不是在某一个瞬间就能完全想透的,不是能够一次性解决的事,怕是活多久就要想它多久了,就像是伴你终生的魔鬼或恋人。所以,十五年了,我还是总得到那古园里去,去它的老树下或荒草边或颓墙旁,去默坐,去呆想,去推开身边的嘈杂理一理纷乱思绪,去窥看自己的心魂。"

所以,他说,自己常常要到那园子里去。

《我与地坛》,我非常喜欢,而且是我常读常新的散文。

最近我仔细想了想自己格外喜欢和感动的原因。

首先,是他的文字非常吸引我,读起来十分舒服,给人一种心灵的震撼、美感和愉悦感。我想,这可能是因为这篇散文虽长却始终文气贯通,与天与地相通,并且一贯到底。一如地坛的大铜钟,当撞击声停止后,还有金属般质感的声音荡气回肠,久久回响,余音袅袅。

让人忍不住驻足,忍不住侧耳聆听,忍不住一遍遍地回味和领悟。

而这回荡不已的便是铁生对生命的感悟与思想。

正如普希金说的:"精确与简洁,这是散文的首要美质。它所要求的是思想,没有思想,再漂亮的语句也全无用处。"

所以,铁生的《我与地坛》就是形式与内容、文字与思想的完美结合,它是充满诗意的,也是冷静和理性的,就像一座葱郁丰美的密林与骨骼一样坚硬的山石构成的绮丽风景,美感不绝如缕,高度令人仰视,因而成为经典。

是怎样的修炼和打磨,才让他吞进众刺,然后,口吐炫目的思想烈焰,照亮自己,也照亮在命运中挣扎的芸芸众生呢?

正如有人所评价的:他用自己的苦难为我们背负了生与死的沉重答案,而我们没有任何成本地享受了他所达到的精神高度,他的所有作品都与肤浅无关。

其次,让我格外感动的,除了他对万事万物悲天悯人的情怀,就是他对自己内心脆弱的坦诚和勇敢的正视。

铁生本分、温和、沉默,而且充满善意,普通得就像清平湾的一株农作物。

对命运或者世界强加给自己的一切,他无辜,他困惑,他本能地恐惧和渴望逃避。

他曾经是那么无助和无措。

一个年轻的血肉之躯,在被命运的千斤重力挤压的时候,他无处可逃。

是的,除了逃到死亡里,他还能逃到哪里去呢?

他用文字描述了绝望的现实与灵魂的瑰丽,这种无比强烈的冲突与对抗构成一种强烈的悲剧性。

但是,只有敢于正视淋淋鲜血和死亡的人,才敢于正面生的艰难和美丽。

也正如铁生后来所深刻表达的:接受苦难,从而走向精神的超越。

上述种种之外,感动我和很多读者的还有铁生所描述的那种无私而毫不张扬的母爱以及一个儿子的忏悔。

铁生的母亲,那时候已经不年轻了,可是,她有一个活到二十一岁双腿突然瘫痪的儿子——作为一个母亲,假如她能够代替儿子受苦,甚至为了儿子去死,我相信,她也不会有丝毫的犹豫,她会心甘情愿地用自己的健康或者生命去交换儿子的……

但是,人世间有许多痛苦,是别人无论多么爱你也无法代替你的。

因为儿子,她忧愁得头上都开始有了星星点点的白发。尽管那时候医院都已经明确表示,目前医院无能为力,医学无能为力,铁生自己也不再抱希望。

但是,母亲就是不肯放弃,她的全部心思还都在给铁生治病这件事上。她怀抱着希望和幻想,到处找大夫,到处打听偏方。不是有人说过,有时候偏方真能治大病吗?就算死马当活马治,不是也还有一线希望吗?万一管事呢?万一能好呢?不试怎么知道就不行呢?不试怎么甘心呢?

她怀着极大的热情和希望,找来一些稀奇古怪的药或者偏方,哄着铁生,看着他皱着眉喝下那些苦药汤,或者用那些药给铁生洗、敷、熏、灸,然后无比虔诚地等待奇迹发生,寄希望于上天的忽然发慈悲。

铁生说,别浪费时间了,根本没用。

她对儿子说,再试一回,再试试行吗?不试你怎么知道就没用呢?

直到有一次出了事,把母亲吓坏了。

铁生的胯上被熏烫伤了,铁生的下肢没有感觉,烫伤了自己也不知道。

吓得母亲赶紧求人把铁生送到医院。大夫说,真是太悬了,对瘫痪病人来说,这差不多是要命的事。皮肤坏死、感染、白血病,都是可能的。

铁生倒没觉得有多害怕,心想死了也好,倒痛快,省得受罪了,母亲也解脱了。

可为了这事,母亲惊惶了好几个月,昼夜守着铁生,一换药就说,怎么会烫了呢?我还直留神呀。

铁生说:"幸亏伤口好起来,不然她非疯了不可。"

后来,母亲发现铁生在偷偷写小说。

母亲的心里又燃起新的希望,她对铁生说,那就好好写吧。

铁生则从她的这句话里听出来,她对治好铁生的腿也终于绝望了。

她继续鼓励儿子说:"我年轻的时候也最喜欢文学了。跟你现在差不多大的时候,我也想过搞写作。"她还提醒儿子:"你小时候的作文不是得过第一?"

她是在鼓励铁生,想增加他的自信。

但是,儿子是否真能用一支笔敲开一扇门,她也和铁生一样,并没有十足的把握。她最简单的想法,可能就是希望儿子转移对自己瘫痪这个事实的注意力,希望他找点儿事做。

然后,她到处去给铁生借书,顶着风或者冒着雪推着铁生去看电影,像过去给他找大夫、打听偏方一样,抱着极大的热忱和心愿。

真正永不放弃的是母亲和母爱。

他高兴得整整一宿没合眼

如果发表了作品,并且得到别人的认可,这就算一个初步成功的话,那么,这个最初的成功带给铁生的困惑、恐惧和迷茫,一定远远多于喜悦。

铁生是一个无论做什么和选择什么,都一定要想明白其中道理的人。

他自己承认,当初在地坛的园子里,困扰他的除了生和死的问题,还有一个就是:自己为什么要写作?

为什么要写作呢?

铁生是一个真实的人,他坦言:"'作家',是两个被人看重的字,这谁都知道。为了让那个躲在园子深处坐轮椅的人,有朝一日在别人眼里也稍微有点光彩,在众人眼里也有个位置,哪怕那时再去死呢也就多少说得过去了。"

想让亲人放心和骄傲,想追求自己人生的价值,这并没有什么不好和不对。

于是,他经常带着本子和笔,到园中一个最安静和不被人打扰的地方,偷偷地写。

要是恰巧有人走过来呢?

铁生就把本子合上,把笔叼在嘴里,或者点燃一支烟,思考或者休息。

之所以偷偷地写,之所以怕人发现,其实都是怕万一写不成落得尴尬。

这也合乎常理,因为在写作这条路上,没有人保证你一定成功,失败者大有人在。

文学,其实更像一条拥挤的小路,淘汰率是很高的。

它还真需要那么一些天赋和机遇。

谁保证你就有写作的才华呢?机遇又为什么偏爱你呢?由于某种原因,半途而废,前功尽弃,都有可能发生。那时候,失败的你,怎么面对自己多少年心血的付出,又怎么面对别人的目光和质疑呢?

虽然,还不至于胜者为王败者寇,但多少也有落荒而逃的难堪。

可是,铁生居然写成了,居然发表了,居然有人说他写得还不坏,甚至说,真没想到你写得这么好。

他承认,自己确实高兴得整整一宿没合眼。

欢乐,也需要有人分享。

铁生就又摇着轮椅到地坛公园里,找到他那个长跑家朋友。当他把这个消息告诉朋友的时候,朋友很激动,很为铁生高兴。他说,好吧,我玩儿命跑,你玩儿命写。

铁生受到了鼓舞,他觉得自己就像中了魔似的,整天想的就是一件事:哪件事可以写成小说,哪个人可以写到小说里。

他走到哪儿想到哪儿,在人山人海里只寻找小说和写小说的素材。甚至幻想着,要有一种小说试剂就好了,见人就滴两滴,看他是不是一篇小说;满世界泼洒,看看哪儿有小说。

他全身心地投入,似乎只是为了写作而活。

结果,竟又发表了几篇,并且有了更多的认可和知名度。

但是,最初的欣喜和激动却没有了,反而有了一种莫名的恐慌,就像一个人质,没有了安全感,随时担心自己会突然被处决。

那是一种担心文思枯竭随时被文学淘汰的恐惧感。

不仅他自己,读者或者熟悉他的人,都或多或少有这样的担心和疑问:写作,是需要生活和体验的,是需要走和看的,你只坐在轮椅上,你的世界大大地缩小,你的视野和思考必然受到很大的局限,你一直都能写下去吗?你有限的经历和感受都写完之后,你还能写什么呢?

这也正是铁生的恐惧和担忧之处:"凭什么我总能写出小说来呢?凭什么那些能做小说的素材就总能出现在你眼前,总能自己送上门来呢?人家满世界跑都未免有题材枯竭的危险,你凭什么坐在园子里坐在轮椅上,凭什么可以一篇接着一篇写呢?是不是该见好就收呢?"

他说，人真正的名字叫作：欲望

虽然是这么想着，铁生还是绞尽脑汁地想写，他形容说："我好歹又拧出点儿水来，从一条快要晒干的毛巾上。"

但是，那种恐慌感却日盛一日，那种随时可能完蛋的感觉比完蛋本身更可怕，甚至可怕多了。

他从写作又扩展想到人的生和死的问题。

他由此悟出："人为什么活着？因为人想活着，说到底是这么回事，人真正的名字叫作：欲望。"

他说自己："我不怕死，有时候我真不怕死，有时候！"

但是，不怕死和想去死是两回事，有时候不怕死的人是有的……我有时候倒是怕活。可是，怕活不等于不想活啊。

他问自己："可我为什么还想活呢？"

"因为你还想得到点什么，你觉得你还是可以得到点什么的，比如说爱情，比如说价值感之类，人真正的名字叫欲望，这不对吗？我不该得到点什么吗？没说不该。"

那自己为什么活得恐慌，就像一个人质？

他终于明白：自己活着不是为了写作，而写作是为了活着。

那天，他又和一个朋友说，不如死了的好。

朋友劝他：你不能死，你还得写呢，还有好多好作品等着你去写呢。

这时候，铁生忽然就明白了：只是因为我活着，我才不得不写作，或者说，只是因为你还想活下去，你才不得不写作。

这样想过之后，他竟然不那么恐慌了，甚至感觉到某种轻松。他说，一个人质报复一场阴谋的最有效的办法是把自己杀死，他明白自己也得先把自己杀死在市场上，那样就不用参加抢购题材的风潮了。

他和自己对话，自问自答："你还写吗？"

"还写。"

"你真的不得不写吗？你不担心你会文思枯竭了？"

"我不知道，不过我想，活着的问题在死之前是完不了的。"

他此时的精神状态正如林语堂先生所说的：睁一只眼闭一只眼，看穿了周遭所发生的事情和自己努力的徒然，可是还保留着充分的现实感去走完人生的道路。他很少幻灭，因为他没有虚幻的憧憬，很少失望，因为他从来没有怀着过度的希望。

他的精神就是这样解放了的。

小说获奖——母亲离开他七年了

铁生三十岁的时候,第一篇小说发表了,母亲却已不在人世。

过了几年,他的另一篇小说获奖。

那时候,母亲离开他已经整整七年。

获奖之后,采访的媒体和记者们蜂拥而至。

他知道人家都是好意,都觉得他不容易。但是,铁生是一个不喜欢说套话的人,何况他就准备了一套话,说着说着自己都觉得烦,尤其想到母亲,他就又在家里坐不住了。

他一个人躲在地坛公园安静的树林里,想,上帝为什么早早地召母亲回去呢?

很久很久,他迷迷糊糊地听见回答:"她心里太苦了,上帝看她受不住了,就召她回去。"

铁生似乎感到一丝丝的安慰。他睁开眼睛,看见风正从小树林中穿过。

也只有在这个时候,在母亲去世之后,铁生才开始想到,当年自己总是独自跑到地坛去,是给母亲出了怎样的难题。

母亲并不是只知道疼爱他而不懂得理解他的那种母亲。

她知道铁生心里苦闷,知道不能阻止他独自出门或者独处,他整

史铁生在雍和宫家中

> 母亲知道有些事不宜问,便犹犹豫豫地想问而终于不敢问,因为她自己心里也没有答案。她料想我不会愿意她跟我一起去,所以她从未这样要求过,她知道得给我一点独处的时间,得有这样一段过程。

天待在家里只会更糟糕。

但是,她同样担心,铁生独自一整天一整天地待在那园子里都会想些什么?那个园子那么大又那么荒僻,万一遇到点儿什么事怎么办?万一一时想不开怎么办?

铁生后来说:"我那时脾气坏到极点,经常是发了疯一样地离开家,从那园子里回来又中了魔似的什么话都不说。母亲知道有些事不宜问,便犹犹豫豫地想问而终于不敢问,因为她自己心里也没有答案。她料想我不会愿意她跟我一起去,所以她从未这样要求过,她知道得给我一点独处的时间,得有这样一段过程。她只是不知道这过程得要多久,和这过程的尽头究竟是什么?"

每次,铁生要动身时,母亲都是默默地帮助儿子准备,帮助儿子坐上轮椅,一直目送儿子摇着车拐出小院。

而这以后,母亲会怎样,会想些什么?铁生说,当年的他不曾想过。

有一次,他都摇着轮椅车出了小院,想起一件忘记带的东西或者一件什么事,又返身回来。

当他拐进小院时,却意外地看见母亲还站在原地,还是刚才送他离开时的姿势,望着他拐出小院去的那处墙角发愣,见到他竟没有反应过来。

待她帮助铁生再次出门的时候,铁生听见她似乎自言自语地说:"出去活动活动,去地坛看看书,我说这挺好。"

这句话,铁生当时并没在意,直到许多年以后没有了母亲,再回味母亲的这句话时,他才听出母亲的话外之音:"母亲这话实际是自我安慰,是暗自的祷告,是给我的提示,是恳求与嘱咐。"

只有在母亲猝然去世的那些痛苦的岁月,铁生才有余暇设想,当自己一天天耗在园子里而母亲独自在家漫长的时间里,母亲该是怎样的心神不宁,怎样的坐卧不安?

铁生说,现在我可以断定,以她的聪慧和坚忍,在那些空落的白天之后的黑夜,在那不眠的黑夜后的白天,母亲一定是翻来覆去地对自己说:反正我不能不让他出去,我也不能跟他一辈子,如果他真的在那园子里出了什么事,我也只有承担,我是躲不掉的。

那是好几年长的一段日子,母亲一定在心里做过最坏的打算了,一定每天都提心吊胆、战战兢兢的。

但是,她从来没有责备过铁生,从来没有要求铁生"你为我想想",而铁生忏悔说,他也真的没有为母亲想过。

他那时太年轻了,被命运击昏了头,沉浸在自己的痛苦和迷茫中,以为自己是这个世界上最不幸的一个。他还不懂得儿子的不幸在母亲那里总是要加倍的。

铁生难过地说,母亲有一个长到二十一岁忽然截瘫了的儿子,这可是她唯一的儿子,她情愿代替儿子,可生病和受苦是无法代替的。她知道,儿子也不可能仅仅是活着,儿子得有一条路通向自己的幸福,而这条路在哪儿呢?

没有谁能保证儿子可以找到这条路,找到自己的幸福。

铁生说,这样一个深怀爱与绝望的母亲,注定是活得最苦的母亲。

园子里的车辙和母亲的脚印

母亲的去世是猝然的,当时,铁生并不知道母亲的肝病已经那么重了。

在他年轻的心里,只有自己的不幸、黯淡无望的前途和未来,他没有想过,也不知道,孩子的不幸在母亲那里是成倍增长和扩大的。

而他的母亲却一直都清醒地知道,她无法永远都在,无法一直爱和付出——总有那么一天,她会先于铁生离开,把这个瘫痪而绝望的儿子扔在这个世界上,他怎么活啊?谁是他最可靠的依赖?谁会一直陪伴和关照他?

那时,铁生的妹妹还小,她会长大,但她也要嫁人,也要成家啊!

母亲的心日日夜夜纠结着,百转千回,心痛如绞。

她甚至无法和儿子心平气和地谈谈这个问题,谈谈她的担忧——儿子偶尔露出笑容的时候,她不忍心用这个问题搅扰他难得的快乐;儿子忧伤的时候,她就更开不了这个口。她一次次将到嘴边的话,掰碎了,揉碎了,再强咽下去,独吞那黄连一般的苦。

她喜欢植物。

有一年,她到劳动局给铁生找工作,在路边挖了一棵刚出土的植物,以为是含羞草,没想到竟然是一棵合欢树。

因为喜欢这个植物名字的喜兴和吉利,母亲将树苗种在一个瓦盆里。

第二年,树没发芽。她暗暗叹息,却舍不得扔掉。

第三年,合欢树却长出了叶子,这让她欢喜非常,甚至高兴了好多天,认为这是一个好兆头,说不定代表铁生的病还有希望,就更加精心侍弄它,不敢有丝毫的大意和马虎。

又一年,合欢树长得更茂盛了。母亲高兴地把树移出瓦盆,栽到窗前的空地上,不时念叨着这树什么时候可以开花,仿佛树的开花之日就是铁生病愈之时。

直到他们搬家离开那个小院,合欢树也没有开花。

铁生发脾气或者摔东西的时候,母亲就悄悄地躲出去,在屋外听着屋里的动静。她心疼儿子,也理解儿子,知道儿子内心苦闷,需要发泄。

她从来不试图阻止他。

当一切恢复了沉寂,她又悄悄地进屋,小心翼翼地清理地上的碎碗片或者玻璃碴。铁生注意到母亲的眼角也是红红的。

母亲说话了,并不提刚才的事,声音依然平静:"听说北海的花都开了,我推着你去走走。"

"不,我不去。"铁生狠命捶打着两条可恨的腿,喊,"我活着有什么劲!"

母亲扑过来抓住他的手,忍着哭声说:"咱娘俩在一块儿,好好儿活,好好儿活……"

那时候,铁生还不知道,母亲的肝病已经到了很严重的地步。后来还是妹妹告诉他,母亲常常疼得整宿整宿翻来覆去地睡不着觉。

又一个秋天的一天。

铁生独自坐在屋里,看着窗外的树叶唰唰啦啦地飘落。母亲走进来说:"北海的菊花开了,我推着你去看看吧。"

母亲的脸上现出央求般的神色。

看着母亲憔悴的面容,铁生有点儿心软:"什么时候?"

铁生的回答出乎母亲的意料。她喜出望外地说:"你要是愿意,就明天?"

"好吧,就明天。"

母亲高兴得一会儿坐下,一会儿又站起来:"那就好好准备准备。"

铁生说母亲:"你烦不烦啊,就那么几步路,有什么可准备的。"

她笑了,有点儿不好意思,坐在铁生身边,高高兴兴地说:"看完菊花,咱们就去'仿膳',你小时候最爱吃那儿的豌豆黄儿。还记得那回我带你去北海吗?你偏说那杨树花是毛毛虫,跑着,一脚踩扁一个。"

说到这儿,她忽然发现自己说走嘴了,对于跑和踩这类的字眼,她比铁生还敏感。

担心自己的话勾起儿子的伤心,她很有些自责,又悄悄地出去了。

谁也没想到,母亲出去了,就再没回来。

邻居们把母亲抬上三轮车往医院送的时候,她还大口大口地吐着鲜血。

看着三轮车渐渐远去,铁生也绝对没想到那竟是永别。

铁生回忆说:"邻居的小伙子背着我去看她的时候,她正艰难地呼吸着,像她那一生艰难的生活。别人告诉我,她昏迷前的最后一句话是:我那个有病的儿子和我那个还未成年的女儿……"

那一年,母亲只有四十九岁。

"摇着轮椅在园中慢慢走,又是雾罩的清晨,又是骄阳高悬的白昼,我只想着一件事:母亲已经不在了。在老柏树旁停下,在草地上在颓墙边停下,又是处处虫鸣的午后,又是鸟儿归巢的傍晚,我心里只默念着一句话:可是母亲已经不在了。把椅背放倒,躺下,似睡非睡挨到日没,坐起来,心神恍惚,呆呆地直坐到古祭坛上落满黑暗然后再渐渐浮起月光,心里才有点明白:母亲不能再来这园中找我了。"

铁生说:"曾有过好多回,我在这园子中呆得太久了,母亲就来找我。她来找我又不想让我发觉,只要见我还好好地在这园子里,她就悄悄转身回去,我看见过几次她的背影。我也看见过几回她四处张望的情景,她视力不好,端着眼镜像在寻找海上的一条船,她没看见我时我已经看见她了,待我看见她也看见我了我就不去看她,过一会儿我再抬头看她就又看见她缓缓离去的背影。"

铁生不知道,母亲有多少回没有找到他。

有一回,他坐在矮树丛中,树丛很密,母亲因为没有找到他而有些慌张。她一个人在园子里走,走过铁生的身旁,走过铁生经常待的一些地方,步履茫然而又急迫。

铁生不知道母亲已经找了多久还要找多久,也不知道自己为什么看着母亲而决意不喊她。

他后来意识到,那可能是出于一个长大的男孩子的倔强和羞涩。

这一行为给他带来深深的痛悔和自责。因此,他忍不住告诫所有长大了的男孩子:"千万不要和母亲来这套倔强,羞涩就更不必,我已经懂了可我已经来不及了。"

随着时间的流逝和获奖的激动心情渐渐平复下来,他开始相信和明白了,其实自己用纸和笔碰撞开的一条路,就未必是母亲期盼他找到的那条路。

他深情地写道:"母亲生前没给我留下过什么隽永的誓言,或要我恪守的教诲,只是在她去世之后,她艰难的命运,坚忍的意志和毫不张扬的爱,随光阴流转,在我的印象中愈加鲜明深刻。"

母亲去世后的一年秋天,园中有很多金黄色的落叶从树上悄然飘落,显得安详而又从容,十月的秋风翻动着这些落叶,行人踩在上面,柔软而安适。

铁生坐在园中。

周围秋意浓郁,偶尔,有一两片叶子飘落在他的面前,甚至飘落在他展开的书本上,落在他的脚下,沉静而斑斓。

这时候,他无意中听到有两个散步的老人说:"没想到这园子有这么大。"

是啊。

他听到自己的心发出一声由衷的叹息。

真是说者无意而听者有心。

铁生放下正在翻读的书,抬起头来环视着园子和园子中的一切,心想:这么大的一座园子,要在其中找到她的儿子,母亲走过了多少焦灼的路啊!

他感叹:"多年来我头一次意识到,这园中不单是处处都有我的车辙,有过我的车辙的地方也都有过母亲的脚印。"

爱、感恩和珍惜,这也许就是母亲教会他的人生最重要的道理吧。而铁生用一生实践了这几个字,并且将它们作为最珍贵的精神遗产留给了我们。

第六章 看到苦难的永恒

看见苦难的永恒,实在是神的垂怜——唯此才能真正断除迷执,相信爱才是人类唯一的救助。这爱,不单是友善、慈悲、助人为乐,它根本是你自己的福。这爱,非居高的施舍,乃谦恭的仰望,接受苦难,从而走向精神的超越。

这样的信仰才是众妙之门。

其妙之一:这样的一己之福人人可为,因此它又是众生之福——不是人人可以无苦无忧,但人人都可因爱的信念而有福。其妙之二:不许诺实际的福乐,只给人以智慧、勇气和无形的爱的精神。这,当然就不是人际可以争夺的地位,而是每个人独对苍天的敬畏与祈祷。其妙之三:天堂既非一处终点,而是一条无终的皈依之路。这样,天堂之门就不可能由一二强人去把守,而是每个人直接地谛听与领悟,因信称义,不要谁来做神的代办。

——史铁生

死是一件不必急于求成的事

铁生在其名篇《我与地坛》中似乎想明白了生与死的问题,从而打消了自杀的念头。

他说:"这样想了好几年,最后事情终于弄明白了:一个人,出生了,这就不再是一个可以辩论的问题,而只是上帝交给他的一个事实,上帝在交给我们这个事实的时候,已经顺便保证了它的结果,所以死是一件不必急于求成的事,死是一个必然会降临的节日。"

他说:"这样想过之后我安心多了,眼前的一切不再那么可怕。"

但是,我总是觉得,这个观念并不足以成为他坚守生命的坚定信念——知道一个必然的结果,这固然透彻,固然可以看得更开,固然不必着急——但是,这就可以一劳永逸地避开死亡的终极诱惑了吗?就可以在接连不断的苦难和历练中坚持到死亡的自然来临了吗?

如果对一些人来说,死亡的诱惑就像一枚苹果,他们知道苹果迟早会落下来,他们就有足够的耐心等待了吗?

每一个成年人都知道死亡于我们如影随形,知道我们其实每一步每一步都是走在回去的路上,那为什么每年甚至每一天都有人决然赴死,都有人急于躲进死神的拥抱?

为什么?

直到有一天。

我在写这本书的时候,反反复复读了铁生的《好运设计》,我相信我找到了答案。

我想,正是这篇文章里的一个重要发现,让铁生彻底了悟,因此,这个重要的发现不仅对铁生,也对我们有着非同一般的意义。

与铁生的《我与地坛》《病隙碎笔》等名篇相比,他的《好运设计》并没有得到足够的重视和应有的重视。

这也许只是我的一己之见。

现在,让我们看看那个重要的发现是如何被发现的吧!

在《好运设计》这篇文章的开始,铁生写道:"要是今生遗憾太多,在背运的当儿,尤其在背运之后情绪渐渐平静了或者麻木了,你独自待一会儿,抽支烟,不妨想一想来世。你不妨随心所欲地设想一下(甚至是设计一下)自己的来世。你不妨试试。在背运的时候,至少我觉得这不失为一剂良药——先可以安神,而后又可以振奋。就像输惯了的赌徒把屡屡的败绩置于脑后,输光了裤子也还是对下一局存着饱满的好奇和必赢的冲动。这没有什么不好。这有什么不好吗?"

说服了自己之后,铁生开始了自己的好运设计。

他说:"对于身体,我的体会尤甚。譬如写文章,有的人写一整天都不觉得累,可我连续写上三四个钟头眼前就要发黑。譬如和朋友们一起去野游,满心欢喜妙想联翩地到了地方,大家的热情正高雅趣正浓,可我已经累得只剩了让大家扫兴的份儿了。"

所以铁生说:"倘有来世,我先要占住几项先天的优越:聪明漂亮和一副好身体,命运从一开始就不公平,人一生下来就有走运的和不走运的。"

他插队的时候,见过不少健康而且聪慧的少年,那些孩子因为贫穷而失去上学读书的机会,与不识字的祖辈一样过着日出而作日落而息的生活,才华逐渐耗尽,人也逐渐老去,一代又一代毫无变化,更不知道梦想为何物,生命只是一个生物过程。

所以,铁生说,一个人降生在什么地方也是一件相当重要的事。那么,是不是应该降生在大城市和一个显贵而优越的家庭就好呢?备受宠爱,无忧无虑,一帆风顺,前景辉煌,如何?

不好。

一般来说,这样的境遇会造就蠢材,不值得冒险。

铁生慎之又慎,想了又想,设计出这样的完美人生:出生在一个普通知识分子的家庭,既知晓人类文明的丰富璀璨,又懂得生命路途的艰难坎坷;既了解达官显贵奢华而危惧的生活,又能体会平民百姓清贫而深情的岁月;既有博览群书并入学府深造的机缘,又有浪迹天涯独自在社会闯荡的经历;既能在关键时刻得良师指点有如神助,又时时事事都要靠自己努力奋斗绝非平步青云;既饱尝过人情友爱的美好,又深知了世态炎凉的正常……

这样的位置真是再好也没有了。

接着,铁生怀着饱满的热忱继续设计:一个健全质朴的童年,一群浪漫真挚的伙伴,有自由、冒险机会,有一个懂得爱并且明智的母亲。

童年是那么快乐,可以任性,可以淘气,可以犯一些无伤大雅的天真的错误。等上学了,渐渐令人刮目相看,而且爱好广泛,多能多才,音乐、美术、文学、体育,无一不是擅长,简直幸运得令人妒忌,本身就是幸运和美的化身。

到了恋爱的季节:在一所名牌大学读书,而且是读一个最令人仰慕的系,最令人敬畏的专业,身高一米八八,挺拔英俊,嗓音浑厚,举手投足之间,充满男性的魅力,是美丽姑娘们心目中的白马王子,是她们深情目光的所在。

直到有一天,矜持而高傲的他,遇见自己心目中的女神——这个女孩子修长健美,一望便知:生命对她的宠爱,青春对她的慷慨,绝不亚于谁。这就是上帝为了他这个幸运男人而专门创造出来的完美女人。

在女孩儿离去的瞬间,这个始终最幸运的人,头一次感受到了惆怅和孤独。

因为他是一个幸运的人,以后他们之间又有了种种巧遇和机会,到最后有情人终成眷属。

好运设计到此,显得有些潦草和仓促,不是不能设计得更完美和精致——而是,设计到这里,铁生发现了一道淡淡的阴影,他因此心生疑虑:"你能在一场如此称心、如此顺利、如此圆满的爱情和婚姻中饱尝幸福吗?也就是说,没有挫折,没有坎坷,没有望眼欲穿的企盼,没有撕心裂肺的煎熬,没有痛不欲生的痴癫与疯狂,没有万死不悔的追求与等待,当成功到来之时你会有感慨万端的喜悦吗?……或者,这喜悦能到什么程度,这幸福能被珍惜多久?"

就如同月亮对于地球——铁生意识到:"地球如此方便如此称心地把月亮搂进自己的怀中,没有了阴晴圆缺,没有了潮汐涨落,没有了距离便没有了路程,没有了斥力也就没有了引力,那是什么呢?很明白,那是死亡。"

而"此刻宇宙正在旋转,正在飞驰,正在高歌狂舞,正借助了星汉迢迢,借助了光阴漫漫,享受着它的路途,享受着坍塌后不死的沉吟,享受着爆炸后辉煌的咏叹,享受着追寻与等待,这才是幸运,这才是真正的幸运,恰恰死亡之前这波澜壮阔的挥洒,这精彩纷呈的燃烧才是幸运者得天独厚的机会"。

铁生明确表示:"所谓好运,所谓幸福,显然不是一种客观的程序,而完全是心灵的感受,是强烈的幸福感罢了。幸福感,对了。没有痛苦和磨难你就不能强烈地感受到幸福,对了。那只是舒适只是平庸,不是好运不是幸福,这下对了。"

在这里,我理解铁生的意思,他是说,幸福与美好是需要以痛苦和苦难做观照的,就如同白天的光明只有在黑夜的衬托下才显得格外珍贵一样。

试想,假如我们所生活的地球,每一天都艳阳高照、毫无变化,因为没有黑夜作为比照,我们感受不到每一天太阳初升的欣喜和辉煌,感受不到落日的余晖和美丽,也感受不到夜晚的宁静,我们面对每一天的光明,还会有那么强烈的幸福和渴望吗?

也许,天长日久,当我们习惯了这光明之后,我们一天天只会变得毫无激情、毫无希望、毫无期盼,剩下的就只有麻木和不知道珍惜了。

所以,铁生无疑是对的。

这个发现是如此重要

在此,他也不得不调整他的"好运设计"——为了让这个幸运者的幸福不要贬值,就必得为他的感情设置一些障碍:比如,他心爱的姑娘的父母亲不同意把女儿嫁给他;接着就出现第二个问题:他们为什么不同意呢?他必得有什么不好或者欠缺?

可是按照已有的设计,这个幸运的人是一个完美的人,简直无懈可击。所以,这个设计也需要调整,不能是完人,至少有一个缺点或者很要紧的缺欠。是什么呢?无知不行,质量上的瑕疵也不行。

所以铁生又想到生病——"在病榻上躺了好几年,看见任何一个健康的人你都羡慕,你想你是他们中的任何一个你都知足……你本来已经绝望了……就在这时奇迹发生了,一个奇迹使你完全恢复了健康,你又是那么精力旺盛健步如飞了……"

此刻你是多么幸福,终于和所爱的人在一起,苦尽甜来,失而复得,这才是最为关键的好运。

但是,以后呢?苦尽甜来之后呢?

"你将再没有企盼了吗?再没有新的追求了吗?那么你的心路是不是又要荒芜,于是你的幸福感又要老化、萎缩、枯竭了呢?"

铁生又清楚地看到那道阴影——人,如果没有了痛苦的衬照,便没有了幸福的感觉。

因此,在这个好运设计中,不要痛苦是不大可能的,就算你能够不断地战胜和超越痛苦,就算你从来都不知道什么叫失败和绝境——那么当死神来临的时候呢?你将和所有人一样不能幸免。这个时候想必你是一个最痛苦的人了——死神以一个无可逃避的困境勾销你的一切胜利,它以一个不容置疑的判决报复你的一切好运,使你碰到因一直有幸而无缘碰到的绝望,而且这绝望是如此货真价实。

直到这时——铁生的好运设计才突然峰回路转,柳暗花明,绝处逢生。

他突然有了一个重要发现:"过程。对,过程,只剩了过程。对付绝境的办法只有它了……只要你最最关心的是目的而不是过程你无论怎样都得落入绝境,只要你仍然不从目的转向过程你就别想走出绝境。"

我坚定相信,这个如此重要的发现,肯定不是铁生从一开始就意识到或者设计好的,而是他在好运设计的阴影和绝境中苦苦思索而突然有所感悟的。

为此,他激动万分,他的激动一定不亚于哥伦布发现了新大陆:人逃不过困境和死亡的绝境,但是,却终于找到对付和对抗困境与绝境的最有效的办法,"事实上你唯一具有的就是过程。一个只想使过程精彩的人是无法被剥夺的,因为死神也无法将一个精彩的过程变成不精彩的过程,因为坏运也无法阻挡你去创造一个精彩的过程,相反你可以把死亡变成一个精彩的过程,相反坏运更利于你去创造精彩的过程。于是绝境溃败了,它必然溃败。你立于目的的绝境却实现着、欣赏着、饱尝着过程的精彩,你便把绝境送上了绝境……生命的意义就在于你能创造这过程的美好与精彩,生命的价值就在于你能够镇静而又激动地欣赏这过程的美丽与悲壮"。

这是多么令人振奋的发现!

它与我们每一个人有关,与我们的痛苦和快乐有关,与我们的开悟和智慧有关,更与我们生命的质量有最直接的关系。"

"生命的意义就在于你能创造这过程的美好与精彩","相反坏运更利于你去创造精彩的过程"。

铁生,当年在逆境中苦苦挣扎多年的我,如果早早读到你这如星光一般闪耀的话,我会减少多少无助和蹉跎的岁月,我会早有勇气从无望的泥潭中奋力挣脱。

而现如今,又有多少迷茫者、不幸者读到你如此宝贵的感悟而成为幸运者啊。

我也激动了——含泪仰望天空:铁生,假如你依然健在,多想和你面对面坐在一起,为了你这个重要发现而额手称庆啊。谢谢你铁生。

我也由衷地相信,铁生有了这个开悟之后,才彻底打消了自杀的念头——因为他看到了真正的希望和光明。

铁生不愧是一个思想家,虽然疾病使他寸步难行,心灵强健的翅膀却将他带到一个难以被超越的高度——他已经超越对个人不幸的叹息和悲伤,而在深入和广阔的意义上追寻生命本身与本质的探求。

他在自己的另一篇文章中也说过,人生如同打牌,能幸运地抓到一手好牌的几率并不高,多数人都只能抓到一手烂牌。如何能将一把烂牌打得精彩,反败为胜,这就是人生的艺术,同时也是每一个热爱生活者所追求的人生理想。

铁生抓到的无疑是一手烂牌,几乎没有任何反转和取胜的希望,但是,他却让生命的过程充满无与伦比的精彩与辉煌。

这是任何人都无法剥夺的,就连死神也不能!

这个世界是铁生的救赎之地,他身在黑暗的炼狱,却毫无保留地把一条可行的救赎之路指给我们,这条路通向人类精神的天堂。

或许,正是从这个意义上说,铁生以及他的作品正显示了他对于一般人群的普遍意义和非凡意义。

1995年,史铁生在北京。黑明摄

> 人生如同打牌,能幸运地抓到一手好牌的几率并不高,多数人都只能抓到一手烂牌。如何能将一把烂牌打得精彩,反败为胜,这就是人生的艺术,同时也是每一个热爱生活者所追求的人生理想。

相信爱才是人类唯一的救助

回想当年我认识铁生的时候,他已经成名。

说起和铁生的认识与交往,可能还要从我说起。

如果他是健康的或者我是健康的,我们的天地势必宽阔很多,势必不会在一条狭窄的路上轻易相逢,即使相逢,也只会莞尔一笑,侧身让过,从此两两相忘于江湖。因此,认识铁生,我更愿意视此为命运的一份好意。

十九岁那年冬天的一个深夜,我从插队的内蒙古赶回北京,探望即将做结肠癌手术的母亲,中途被火车轧伤。由于头部也受到重创,我昏迷了七天七夜。

死神到底还是放过了我,而代价是我颀长的左腿,我身体最美丽的一部分,被黑暗无情吞没。

亲情、爱情和人性的温暖与美好最终拯救了我。

我不惧怕死亡,同时也不惧怕活着。

这个艰难的过程历时十多年。

1988年底,我经由《青春》杂志主编斯群老师推荐,到由中国残疾人福利基金会主办的《三月风》杂志做了一名文学编辑。

一天,部主任对我说,为了扩大杂志的影响力,社里正在筹备

"《三月风》首届文学奖"评奖活动,你把杂志这两年发表的作品通读一遍,提出获奖名单和评选初步意见,在这个基础上,社里再邀请一些著名作家成立评选委员会,最终评选出获奖作品和作者。说完,他把两大本墨绿色硬皮封面的《三月风》合订本交到我的手里,我接过来,感觉到沉甸甸的。

那是我第一次读到铁生的小说《来到人间》,第一次知道史铁生这个名字。他的名字和小说对于我都是陌生而新鲜的。

《来到人间》写的是一对年轻夫妻和患侏儒症女儿之间的故事——那对夫妻面对的困境和选择,那个无辜小姑娘注定要承受残酷命运的无助和她的聪明倔强都令人嘘唏不已。

小姑娘害怕幼儿园里孩子们的嘲笑,她拒绝和抗拒去幼儿园,她想躲在家里,躲在父母的羽翼下而免受伤害!

她的父母亲则绝望而清醒地意识到,在以后的日子里,这个孩子无论遇到什么,都必是一个"难"字,一个"苦"字。

这也是这个小家庭必然要面对的困境。

小说的结尾这样写道:"孩子站在厨房的过道里,看见爸爸搂着妈妈,外面是万家灯火,还有深蓝色的夜空和闪闪的星星……"

到此,小说戛然而止。

孩子的将来怎么办,这个家庭怎么办?

小说没有给出答案,我读罢不由得生出一缕莫名的哀伤。

但掩卷而思,在字里行间,我似乎又看出了一个答案,那就是作者借由那位理性的父亲所说的话:"是接受这个事实,可不是习惯、麻木和自卑,得让她保留生来的自尊。"

我想,作者是对的,自尊是人的立身之根本。如果没有了自尊,任何人都将不堪入目。

小说中的人物对于我们虽然是陌生的,但他们的命运却深深牵动我们柔软的心。

小说《来到人间》设置了 N 对矛盾:身材高大、硕士毕业的工程师与当话剧演员的漂亮妻子,一对十分般配让人心生羡慕的夫妻却生出了一个先天畸形的孩子;孩子是个多灾多难的小姑娘,出生后就得了很严重的肺炎,孩子的父母在医生的暗示下面临一个人性与理性的选择:是抢救还是放弃抢救,是让孩子活下来,还是让孩子在不懂得痛苦之前静静离去;孩子的四肢和身材长不大,永远停留在儿童发育的时期,而她却拥有正常的甚至比正常孩子还要聪慧的健康头脑;孩子懂事之后,和幼儿园其他孩子之间的冲突,使她懂得了孤独、歧视和痛苦,她只想逃避,"她还不知道这是逃不掉的",并且这一切才刚刚开始;母亲的犹豫妥协与父亲坚持要让孩子明白残酷真相的理念相悖的矛盾……

每一对矛盾都无法调和,孩子悲剧性的命运根本无法逆转,而这注定成为她与生俱来的宿命。

作者在小说中,用丈夫、妻子和孩子三个人的对话巧妙推进情节发展,用对话揭示人物的鲜明性格和微妙细腻的心理活动,显示了作者驾驭文字和结构的功底。

铁生是那么从容舒缓、不疾不徐、娓娓道来,让人觉得当时的一切都那么真实可信,甚至每一次对话的场景、断句、语气都是那样发生的,而不可能是另外的样子。

"小说写得冷静、不动声色,读小说的我,却像走进那种细细密密、无声无息的小雨中,浑身渐渐淋透又因沉醉其中而全然不觉。作者始终如隐身在半透明的雨幕中,似乎什么也没说,只有沉思的光影如雨中景物,朦朦胧胧、影影绰绰倒映在湿漉漉的柏油路面上。"

这是我当时大致所写的初评意见。

铁生的小说最终以全票获得"《三月风》首届文学奖"小说一等奖。

多年之后,我再次阅读铁生的小说《来到人间》,更深刻地感受到他独特的文字魅力和悲天悯人的情怀。

我曾把这篇小说用邮件发给在美国的女儿——女儿四五岁的时候,我带她去看望过铁生,她后来一直记得当时的情景:铁生坐在轮椅上,耐心地给她找出纸和笔,看她在纸上涂鸦,并且真诚地夸奖她。女儿都记得。

高中时,女儿从语文课本里读到铁生《我与地坛》中"关于母亲"的节选时,在课堂上就忍不住哭了。

这次读完《来到人间》,她含泪写道:小说中,"两个洞悉一切却爱莫能助的天使,一个被迫接受最残酷命运却又不得不孤军奋战的小灵魂。最后她终于独自完成了那个过程——在暗黑的角落里,依靠自己微小的力量接受了这个事实(是初步的接受,其实这个过程会在她今后的成长中不断重复,直到有一天她真正地接受它并从容与它共生)"。

她还写道:"有些痛,无论多么爱你,都无法替代你。但在你承受的时候——宝贝,我比你还痛一万倍。"

女儿的话让我意识到,当年这篇小说真正感动我,而我始终没能清晰表达出来的一种感觉是:

在这个遭遇毁灭性灾难的家庭里,在人与人的关系里,无论是夫妻关系还是父母与孩子的关系,他们都没有表现出惯常意义上的彼此间的责难、抱怨和推诿。

我们看到的是勇敢、责任和担当,是一直如清澈溪水般涓涓流淌的爱与温情。

这也正是后来铁生在他的文字里深刻阐述的思想:看见苦难的永恒,相信爱才是人类唯一的救助。

那时,铁生已经患了尿毒症,每星期透析三至五次。透析是让血液暂时在体外循环,将他自身因肾功能坏死而无法清除的毒素排出体外。

他打比方说,假如自己患病的身体是一架飞机。在《病隙碎笔》里,他这样写道:

> 要是两条腿(起落架)和两个肾(发动机)一起失灵,这故障不能算小,料必机长就会走出来,请大家留些遗言。
>
> 躺在"透析室"病床上,看鲜红的血在"透析器"里汩汩地走——从我身体里出来,再回到我的身体里去,那时,我仿佛听见飞机在天上挣扎的声音,猜想上帝的剧本里这一幕是如何编排。

他的十几万字、充满哲思和感悟的长篇散文《病隙碎笔》,就是利用绝症的缝隙处和被疾病碾碎的寸寸时光一笔一笔写下来的,他写得异常艰难。

有时,每天只能写几行字,他坚持写了四年才最终完成。

所以《病隙碎笔》这个题目再恰当不过,也令人在阅读的空隙之间为之心碎。

铁生以其残缺的生命,说出了最健全丰满的思想。他的这些思想,如火炬般照亮我们忽明忽暗的内心世界和坎坷不平的人间道路,一如他在《我与地坛》中所描述的落日那样:"寂静的光辉平铺的一刻,地上的每一个坎坷都被映照得灿烂。"

以轮椅和文学为方舟，泅渡了自己，也普度众生

　　那之后不久，《三月风》杂志决定为残疾作者专门开设一个文学栏目《维纳斯星座》——"维纳斯"取其残缺而美之寓意，"星座"则意味着每个作者都如一颗黯淡无名的星星，即使光芒微弱，也不因其"微小而不为"，将自己内在的光亮汇合在一起，就构成了璀璨的星空。

　　编辑部里的其他编辑都是健康人，所以，部主任认为，我是这个栏目主持的最合适人选。

　　当时国内也并无此类性质的栏目，没有任何经验可以参照或者借鉴，它的难度也是显而易见的。

　　我问部主任，怎么找到那些残疾作者呢，他们都在哪里呢？

　　部主任指着书柜里积压的一捆捆稿件对我说，你必须如大海捞针一样地找到他们。

　　打开柜门，在那些用白色或彩色塑料绳捆扎在一起的旧纸堆里，我惊讶地发现，那些稿件，很少有写在正规稿纸上的，有的来稿甚至写在用橡皮擦去铅笔字的小学生作业纸上。

　　我的心里有些酸楚，他们活得太艰难了。在那些用尽气力、稚拙或潦草的字迹里，我渐渐看清他们如群雕一样奋力挣扎的姿势以及

满含期盼的目光。

我默默整理着那些稿件,一篇一篇认真登记他们的姓名、地址、文稿的名称和体裁。

部主任提示我说:"你可以去看看史铁生,请他写一篇点评。"

他说:"你现在就可以去,要不你现在就去吧。"

我当时手里正有一个湖南作者寄来的诗歌。

这个作者在一岁时和哥哥双双被烧成重伤,失去了双手,面容也严重被毁,但他们选择了需要手和追求美的职业:弟弟写诗,哥哥画画。

弟弟说,他不曾写过一篇厌世的文章。在一首诗里他这样写着:我一直忍受着不让泪水落下来/是想告诉所有的人/对于生活我是多么的爱。

我按照地址找到雍和宫大街26号。

那是一座临街的院子,院门狭窄而简陋。

一排平房的另一侧,都被各家住户用砖头砌起了低矮的厨房,过道因此变得很窄,曲折蜿蜒地通向院子的深处。

正巧,有个人推着辆自行车走出来,小心躲避着过道地上的板凳、水盆,还有从低矮厨房顶上伸过来的树杈。

见我正注视他,他多少显得有点儿尴尬,回头看看那狭窄而杂乱的过道,无奈地摇摇头。

我连忙向他打听铁生。

"写小说的?没听说过。什么?坐轮椅?嘿,那你还真问着了,这门里就有一个,岁数和你差不多。对,男的,是男的。"

然后,又热心地补充了这么一句:"要不,你敲门问问?"

他向院门口左侧一个紧闭的门扬扬下巴,我赶紧谢了他。他摆摆手,就匆匆推着自行车出了院门。

我定了定神,轻轻在门上敲了几下,没动静。我又用力敲了敲,门

史铁生在家里

> 他笑的时候，嘴角向上扬起来，眼镜片后面的目光温和而宽厚，特别孩子气，特别真诚。他一笑，就好像哪里突然出现一束光，使他黯淡的脸色忽地明亮起来。那是一种挺奇异的感觉，我当时就是那种感觉。

里传出咳嗽声和脚步声。

不大工夫，出来一位略微有些背驮、头上顶着斑斑白发的老者，后来我知道这就是铁生的父亲。

在说明来意的过程中，我注意到他扭过头去，向正对着大门的窗户里看了看。我也顺着他的目光往那里看，却什么都看不见，玻璃上好像挂着一块蓝地白花的蜡染布窗帘。

我猜想，屋里挨着玻璃窗的多半是一张床吧。

进了大门，空地并不宽敞，墙角处放着一个自制的轮椅，上面蒙着塑料布。

我跨进屋门，见房子共有两间，外间有几件陈旧的家具，靠里头还支着一个木板床。

很多年过去了，我已经记不清楚房间的格局和具体陈设，只记得光线很暗，这是给我最深的印象，一直挥之不去。

他父亲沉默地点点头，做了一个手势，示意我可以到里间去。

如我所猜测的，紧靠玻璃窗正有一张床，铁生就躺在那里，被子下面露出一个由导尿管连接着的吊瓶。

他看上去很憔悴，满脸倦容，一望便知正忍受着疾病的困扰和折磨，但目光温暖安详。

我拘谨地问候他，做了简单的自我介绍并说明来意，然后从书包里掏出那个作者的稿件递到他手里。

他看稿子的时候，我坐在床边的椅子上，有些紧张地等他说话。

路上我就想好了，如果他不愿意写，我就说……

我想了好几种自认为可以说服他的理由，因为我想，他也许会拒绝或者推托呢。

他专注地看完稿件，又细心地折叠好，把稿件放回到原来的信封里，然后点点头，和气地说："行，你给个期限吧，大约需要什么时候交稿？"

这么顺利？一点儿悬念都没有？！

真没想到。

他竟连一点儿假装的矜持都没有，更没有以正在生病为借口婉拒，尽管那对于他来说是一个最可信手拈来的充分理由。

我高兴地松了一口气，掩饰不住内心的惊喜，连声说："谢谢你啊，我还以为……还以为……真是太谢谢你了。"

他笑了，说："别，别客气，干吗那么客气呀？"

他的语气就像对一个认识多年的朋友，十分亲切，让我不再那么拘谨和紧张了。

这时，他的父亲走进来把一杯热茶放到我面前，又默默地退了出去。

我拿起茶杯让他："你喝吗？"

他摇摇头："我不渴，你喝吧，你喝。这茶不错。"

我明明看见他的嘴唇干燥得都爆皮了，还说不渴？

我很有些不解。

慢慢才知道，为了减轻肾脏的负担，他常需要忍受干渴的折磨，在夏天尤其痛苦。

我还悄悄地问过铁生："你干吗也不跟你爸说说话啊？"

他笑笑，用手捋着头发，有点儿难为情地说："嘿嘿……也不知道该说什么？我们俩都不是爱说话的人。"

这让我想起那首著名的日本歌曲《北国之春》里的几句歌词：家兄酷似老父亲／一对沉默寡言人／可曾闲来愁沽酒／偶尔相对饮几盅。

那歌词和曲调都很忧伤，一如我当时的心情。

以后，忆起和铁生第一次见面的情景，脑海里总是会出现"灰暗"这个词，灰暗的房间，灰暗的家具，连铁生的脸色也是灰暗的。

唯一能照亮这些的是铁生的笑容。

他笑的时候，嘴角向上扬起来，眼镜片后面的目光温和而宽厚，特别孩子气,特别真诚。

他一笑,就好像哪里突然出现一束光,使他黯淡的脸色忽地明亮起来。

那是一种挺奇异的感觉,我当时就是那种感觉。

我的性格本来就多愁善感——外祖母活着的时候曾经说过,我三岁的时候坐在床上看一本小人书,竟然看着看着就自己哭了起来。

长大以后,由于自身的遭遇,我更是见到夕阳、落叶或者秋风瑟瑟都会无端地惆怅甚至落泪。

所以,每次告别铁生,从他家里走出来的时候,我的心情都很沉重:那么年轻、鲜活的生命,很难想象,他整日整夜、年年岁岁与病床和轮椅为伴。

我想,我在车祸中只是失去了部分的行走自由,而他躺下后就再也没能站立起来。

对一个风华正茂的生命来说,还有什么比这个更残酷呢?昨天,他还是健康、自由和充满活力的,对未来也必定有很多梦想和憧憬,或许还有刚刚苏醒和萌芽的爱情……那么多人生的美好他还都没有来得及经历和享受呢。

但是一夜之间,这一切全部被无理而粗暴地剥夺了,一颗痛苦的心灵从此跌入万劫不复的深渊。

并且,没有人向你解释什么,也没有人听你倾诉。

即使有人听你倾诉又如何?那也于事无补啊。

自然地问起铁生的病。

可能不该问,可似乎也不该不问。

说起那些往事的时候,铁生的手里拿着一支烟卷,我赶紧找到打火机递给他。他摇摇头,不点着火,也并不吸,说,戒烟了,医生特意嘱咐的。

我想跟他开开玩笑,好使当时的气氛别那么沉重,我想跟他说马克·吐温的话:"戒烟是一件最容易不过的事,我已经戒了好多次了。"

但那显然不合时宜,那种气氛没法轻松。

我沉默着。

我不知道该说什么。

安慰的话,同情的话,都没多大意思。

铁生不时将烟卷放到鼻子下面,闻闻那烟草的香味儿,拿起又放下,拿起又放下。

我感觉,他的内心其实也很不平静,是借这个动作掩饰自己的情绪。

沉默了一会儿。

我冒出一句很不得体的话,我说:"我能看看吗,我看看……行吗?"

说完我就后悔了,没有一个人愿意把自己的伤口裸露给别人看,尤其是一个与自己年龄相仿的异性。

我十分窘迫,怕他误会我是出于什么好奇心。

铁生默默地揭开被子的一角。

我看到他萎缩的双腿,心里难过得要命。我想,铁生如果可以站起来,他的个子一定很高,怎么也得有一米八左右。

泪水在我的眼睛里旋转着,旋转着……我低下头,为他盖上被子,又细心地掖好被角,泪水终于一大滴一大滴地落在被子上。

"没事……别哭啊,这其实,嗨,也没什么。"

他反倒过来安慰我。

我用他递过来的一张纸巾擦眼泪。

铁生说:"哎,别光说我了,说说你自己吧。"

我对铁生说起十九岁受伤的经过。

他说自己刚得病的时候,也就是二十岁左右,又说起一个我不认识的人,也是十九岁那一年得了看不好的病。

我们感慨了一番,都觉得十九岁可能是一个神秘的"坎儿",又都说不清是什么原因。

我又说起自己曾经试图自杀过。

那个深夜,我独自把所有的信件和日记都烧了,一个很大的洋皮铁桶里堆满了灰烬,零星飘落在身边的灰黑纸屑,如同一群来自冥界的蝴蝶……

铁生静静地听我说,并以他宽厚慈悯的目光注视我,温和地说,残疾者,尤其像咱们这样本来健康的人……绝大多数都有过自杀的念头……

又说,其实这也没什么……死亡迟早都会来,这是一件不必太着急的事,真的。

他似乎轻而易举、轻描淡写地就把一个绝望变成了希望。

后来,我在铁生的很多作品里读到类似的思想。

因为共同和相似的遭遇——都是在十九岁这个最狂妄、最美丽的年龄难逃一劫;他的母亲去世时四十九岁,我的母亲去世时四十七岁;我们都目睹了母亲的弥留时刻:她们艰难呼吸着,就像她们那一生艰难的生活。

因此,我似乎更理解铁生的心情,就像一个人被逼到命运的悬崖上,当你孤注一掷、闭眼纵身一跳的时候,才突然发现自己还有一双可以迎风展开的翅膀。

那必定是一种先死而后生,必如一粒被活埋进土壤里的种子,必然经历了漫长的寒冷、黑暗、绝望和等待,才孕育了破土而出的勇气、信念和力量。

铁生从不因自己的不幸而看轻他人的不幸,在给湖南那个烧伤孩子所写的点评里,他这样充满诗意地写道:"当年那场火焰爆裂声一阵阵传开去,待其回来都成了如火的诗行。"

有时候我想,命运对铁生太不公平了!他是一个那么好的人。对于这个问题,铁生早就大彻大悟。

他出奇的冷静和平和让我震撼。

但是,当我知道他曾经的绝望和挣扎时,我更加震撼。

我想,一个人从平静到狂躁,再从狂躁归于平静,这中间经历了怎样的绝望挣扎,怎样的彻骨疼痛,怎样的你死我活,怎样的脱胎换骨啊……这一切,别人尽可以想象和理解,却无法感同身受,无法切身体会,因为这完全是一种孤独、封闭和无法"分享"的感觉,能够用语言和文字表达出来的,或许不足一二。

我想,以铁生的敦厚和睿智,他必是最终与命运达成了某种和解,和解并非妥协,平和更是一种大智慧——他理解了"命运并不受贿",也就理解了"自我救赎"的真正意义。

因此,他人生的精彩过程是命运无法剥夺的。

我不禁为自己最初的想法而羞愧了。

这样一颗勇敢而高贵的心灵值得我们每一个人敬重,我有什么资格去怜悯他呢?

记得一次我问过铁生:如果当年,你没有去插队……

铁生微笑着打断我,说:人生没有"如果"。

我说:那……假如,你现在是健康的……

铁生因我的执着再次笑了,然后摇摇头,微微笑着说:人生也没有"假如"。

可是,我就有些不明白了,想一下,假设一下又何妨?铁生干吗连想都不愿意想想呢?

以后,看过铁生的《好运设计》才明白,其实,他在心里把一切都设想过了,无数遍地设想过了,而且设想得如此丰富、深刻和完美。

也正因为如此,他是一位拒绝任何空想的最清醒的智者和行动者。

法国作家罗曼·罗兰在《贝多芬传》一书的原序中说过:"这些传记中人的生涯,几乎都是一种长期的受难……他们固然由于毅力而成为伟大,可是也由于灾患而成为伟大。所以不幸的人啊,切勿过于怨叹,人类中最优秀的和你们同在。"

铁生也说过:"所谓命运,就是说,这一出'人间戏剧'需要各种各样的角色,你只是其中之一,不可随意调换。"

或许,这就是命运的拣选吧。

在任何年代,众生都需要一些代表纯净精神信念和理想的人物。

我想,如果这样的人物由一个富有、健康、完美的人担当,还有什么意义呢?它必须由铁生这样与绝境为友、以生病为"职业"的受难者担当,才能显示出震撼灵魂的力量。

所以,耶稣诞生在马厩,而不是金碧辉煌的宫殿里。

所以,先有铁生,而后有《我与地坛》。

他个人之大不幸,却成为我们这个社会和人类之大幸。

借用铁生《我与地坛》中的一句话:"在人口密聚的城市里,有这样一个宁静的去处,像是上帝的苦心安排。"

地坛成为很多人心中的一座精神家园,铁生则以轮椅和文学为方舟,泅渡了自己,也普度了众生。

苦难必须由自己承受

有一天,我收到这样一封信,是一个患小儿麻痹症的青年写给我的,有七八页之多。

他在信里告诉我,他是在贫困生活和别人的歧视中长大的,谁都不喜欢他,在这个世界上,只有母亲是唯一爱他的人,可是,母亲也去世了,只留下他独自在世上受苦。

他不明白父母亲为什么要生下他?也不明白自己为什么要忍受这一切?

他说,自己有时真想追随母亲而去。

他还告诉我,自己喜欢文学,很想从事文学创作。可是,他寄给许多报刊编辑部的信和稿件,都如同石沉大海,没有收到过只言片语。

他随信寄来了写母亲的文章,希望能够发表,并且希望我给他回信,哪怕几个字也行。

我觉得他的要求一点儿也不过分,何况,给作者回信也是编辑的职责范围。

我认真给他写了一封信。

在信里,我对他说,我理解他所说的一切,尤其理解他对母亲的真挚感情。还安慰他说,你的母亲是最疼爱你的人,她对你最大的希望,一定是希望你生活得更好,所以,你要鼓起勇气振作起来,为自己也为了你的母亲。

关于他写的怀念母亲的文章,我在给了他最基本的肯定之后说,你和母亲生活在一起,你爱她,所以她的点点滴滴都令你难忘。但是,你要把你的感受和感动通过文字传递给读者,就必须依靠典型情节的选择和细节的描写。因为读者并不认识你的母亲,她在读者的眼里只是一个模糊的概念,读者的情感应该由你营造的文字氛围来感染和调动。

我还提醒他:生存是第一位的,最好先学会一样生活技能,而不能把全部希望寄托在发表作品上,对于文学的喜爱可以作为一种业余的爱好。当然,如果对于文学非常热爱,把文学创作当作一生的追求也未尝不可,但必须有承受失败的勇气和充足的思想准备。因为文学就像一条十分拥挤的小路,淘汰率是很高的。

大致说了这些。

那封信我写得很诚恳,以我当时的编辑水平,我把自己所想到并认为应该说的话都写给他了,希望能对他有点儿帮助。

信发出后,我一直等待他回信,很惦记他。

一天,我终于收到他的信。展开信纸,扑面而来的责难和怨恨却让我颇感意外。

他说:"你知道吗?我收到你的信以后,吃不下饭睡不好觉,甚至失眠了好几天。我把你当朋友,把心里的痛苦都告诉了你,给你写信写了七八页,你的回信却那么短。而且,你的信对我的刺激很大,伤害和打击也很大,多少天来,我一直生活在痛苦之中……"

他言辞激烈,怨气冲天,又写了好几页,完全是一种情绪的发泄,仿佛一个被压抑许久的炮口,终于找到了发射的目标。

最后他说:"我知道你过得很好,还得过很多荣誉。但是你不要忘记了,如果没有我和我们这些残疾人,就不会有你的今天!"

这多少有些不可理喻。

我想，如果他对我没有基本的信任和理解，彼此就无法沟通，既然无法沟通，我决定选择沉默。

去看铁生的时候，我很想把这件事情跟他说说。刚说了两句，铁生就笑了，"这事我多少知道点儿……"

"你怎么知道的？"

我困惑地看着他，因为这件事我没有对别人说过。

铁生笑着说："有个作者给我写信告了你一状，说他给你写信写了七八页，你给他回信只有两页……"

于是，我就把事情的来龙去脉以及自己的困惑都告诉了铁生。

我问他："这个作者的信件和稿件语句不通，错字连篇，但是对文学却有飞蛾扑火一样奋不顾身的热情，我难道应该鼓励他盲目努力吗？我真的不是想打击他，我只是想告诉他一个事实，难道这不对吗？"

铁生说："也有一些残疾人写信给我，表达自己想从事文学创作的决心，我不赞成轻易许愿或盲目鼓励，那不是误人子弟吗？"

他向上托了托黑框的宽边眼镜，又说："对于任何人来说，生存都应该是第一位的，尤其是残疾人，至少需要有一项谋生的手段。这么说吧，从事文学，首先你得活着吧，活着就得吃饭吧，这是一个最实际的问题。其次，走这条路，没有人保证一定能成功……这事没法打保票。"

我们又探讨了为什么很多残疾人都选择文学的问题，并且相互补充着说：

因为它轻便啊。

对，一张纸，一支笔，有手，有健全的大脑，就可以写，投资小，收益快。这是从现实的角度说的。从理想的角度，它是了解社会，也让社会和他人了解自己的一个捷径，也是抒发胸臆和宣泄情绪的一种方式。

然后，又说到那个给我写信的青年。

我的内心依然十分困惑，我写信的时候，很小心地怕他受伤害，也自认为并没有伤害他，但是他的愤怒却是真实的，他的确感觉自己被伤害了。

问题究竟在哪儿啊？

如果是我错了，我错在哪儿？如果是他错了，他又是错在哪儿呢？

我说："铁生，你帮我分析分析。"

铁生说："我也接触过一些这样的人，不光是残疾人，健康人也有。在他们看来，似乎别人就应该对他的某些不幸负责，更有甚者，似乎觉得他人或者社会都亏欠了他……这是一种心理的自卑和不平衡，感觉命运对自己不公平。按说，这也在情理之中。"

他停顿下来："等等，让我想想这问题到底出在哪儿了？"

铁生用手指轻轻敲击着轮椅的扶手："对了，这里有个心态问题，就是一个人面对事物或者命运的心理反应，但接下来的问题是，如果一个人怀着消极的心态去面对生活和个人的不幸，那他只会更加不幸，或者说，只会加重他的不幸。"

铁生的话启发了我。

我想，如果我坚守沉默，那个作者就会认为自己是对的，如果我违心地向他表示歉意，更温和地安慰他，只能暂时平复他的情绪，却对他的今后无益……

回去后，我给那位作者回了信，一一解释了他提出的问题，然后，我坦率指出他心理脆弱和承受能力的问题，指出一个人的自卑和抱怨都不能改变什么，也不能让我们变得更充实。

唯一的办法是勇敢直面和坦然接受。

信发出后，我十分不安，不知道这对于特别敏感脆弱的他，是不是太残酷了？

我想，也许他确实需要一种强烈的语言刺激和不认同，才能促使他反思，使他从自艾自怜的陷阱中爬出来。

但是，我又难以掌握对他的刺激是否适中，是否恰好点醒他使他明白：一个人的不幸，并不能成为他索取和迁怒别人的资本，归根结底，自己的不幸终究需要自己来承担。

如果我迁就他的想法，对他实际是一种不负责任的纵容。因为他的将来不可能在一种完全自闭式的状态下生存，他必须要以一种健康的心态融入社会和他人的生活，否则，将处处碰壁。

那么，就让我先成为一道门，横亘在他与社会之间，他在我这里栽了跟头，甚至碰得头破血流，很有可能会抚着痛处诅咒这道门，但在痛定思痛之后终会明白：此路不通。

我把这些也告诉了铁生，他沉思着说："一个再固执、再在一条道走到黑的人，当他遇到'此路不通'时，也会想想是不是该转个方向了，他横是不能真拿脑袋去撞墙吧。"

后来，我又陆续看到铁生给一些立志文学的残疾人的忠告。

铁生说："如果生命是一条河流，那事业就相当于一条船。选择事业，或者说选择一条合适的船，首先应该知己知彼——知道自己兴趣何在，禀赋如何，还要知道客观条件允许你做什么。然后，还要有勇气，因为没有什么办法保证你面前肯定有条金光大道。其次，如果发现你的选择确实不合适，还要敢于及时回头，千万别把事业当成一项赌注，尤其是残疾人。"

这些话，都是充满智慧和理性的，是来自他对病痛苦难和生命的切身体验。

为不能发声者发声

铁生用自己的话语权，真诚地为残疾人这个群体呼吁。

很多年前，《中国残疾人》杂志提出残疾人性康复的理念，这在当时的中国显得有些超前。很多人都不理解，认为很多残疾人的工作问题和生活问题还没有完全解决，提出这个问题为时过早。

能发出声音的人，或者不屑于谈论，或者不敢说出自己的看法。而对于这个问题最有发言权和表述权的残疾人，却无法发出自己的声音。

铁生的坦荡即在于此：当有杂志请他就此发表自己的看法时，他没有借口推脱，也没有敷衍了事，而是认真思考，坦然而清晰地表达了自己的观点。

铁生说：

> 美好的爱情可以使人愿意活、渴望活，并焕发出千百倍创造生活的力量……生命的意义当然不只是爱情，但爱情无疑是生命的最美好的意义之一。
>
> 倘此言不错的话，现在该说说具体事了：为了一切残疾人都可能享有美好的爱情，康复工作应该给他们什么帮助？

1995年，史铁生在北京。黑明摄

> 这是何等宽阔的胸怀！他用自己的话语权和影响力替不能发声者发声，我认为，这是铁生的另一重大的、独特的价值。

> 也许有人会提醒我们注意……譬如说,为性功能有缺憾的残疾人,提供性科学咨询和性工具,这事使得不使得?
>
> 爱情不等于性,性也不等于爱情,但是世所公认:美好的爱情必须要有美满的性生活。……
>
> 为什么可以为了肢残者提供拐杖和轮椅,却不能为性功能缺憾者提供性工具、性咨询,以及其他有助于性生活美满的办法?
>
> 有性功能缺憾的残疾人,仍然有性要求和享受性欢乐的能力……如果性咨询和性器具有利于他们弥补缺憾,从而使其爱情更全面地实现,我们不赶紧做起来还等什么?

他更是一针见血地指出:"人道主义指引下的康复事业,是要使残疾人活成人而不是活成其他,是要使他们热爱生命迷恋生活,而不是在盼死的心境下苦熬岁月。所以我以为爱情问题至少是与就业问题同等重要的。"

最后,他深情地说:"如果我们的残疾导致了我们爱情的破裂,我们这些从死神近旁溜达过来的人,想必应该有了不太小气的准备:我们何必不再全力地做些事,以期后世残疾者以及全人类不要像我们这样活得艰难。"

这是何等宽阔的胸怀!

他用自己的话语权和影响力替不能发声者发声,我认为,这是铁生的另一重大的、独特的价值。

他是思想上的"领跑者"

曾经,在一次命名为"我的梦想"全国性征文大赛中,我和铁生并列获得一等奖。

即便是侥幸吧,它也是我内心很引以为骄傲的事。

在这篇谈及梦想的散文中,我写了一个女性有些孩子气的梦想。

如果,我的那些梦想就像清浅的小溪,那铁生的梦想,就如昼夜兼程、奔腾入海、汹涌澎湃的涛声,有一种震撼人心的现实感和思想的力量。

他在"我的梦想"征文中说:"也许是因为人缺了什么就更喜欢什么吧,我的两条腿一动不能动,却是个体育迷。"

他这样写道:"人的力量、意志和优美却能从那奔跑与跳跃中得以充分展现,这才是它的魅力所在……你看刘易斯或者摩西跑起来,你会觉得他们是从人的原始中跑来,跑向无休止的人的未来,全身如风似水般滚动的肌肤就是最自由的舞蹈和最自由的歌。"

肩宽腿长、像头黑色猎豹的刘易斯,是铁生最喜欢和最崇拜的人,铁生曾一度相信刘易斯是世界上最幸福的人。

他说:"我想若是有什么办法能使我变成他,我肯定不惜一切代价,如果我来世能有那样一个健美的躯体,今生这一身残病的折磨也就得了足够的报偿。"

但是,在那次奥运会上,约翰逊战胜了刘易斯。

铁生觉得自己竟比刘易斯败得还惨,迷失得更深重。因为他看见了一个所谓"最幸福的人"的不幸。

他苦苦思索,终于悟到:"上帝从来不对任何人施舍'最幸福'这三个字,他在所有人的欲望前面设下永恒的距离,公平地给每一个人以局限。如果不能在超越自我局限的无尽路途上去理解幸福,那么史铁生的不能跑与刘易斯的不能跑得更快就完全等同,都是沮丧与痛苦的根源。"

所以,"有一个健美的躯体又有一个了悟了人生意义的灵魂,我希望二者兼得"。

"但是,前者可以祈望上帝的恩赐,后者却必须在千难万苦中靠自己去获取。"

我认为,铁生的身体受到局限,但是他用文字向心灵和灵魂的纵深处不断扩展和延伸,所以他透彻!所以他深刻!所以他成为他自己!

当时,新任的一个主编找到我,让我陪他一起去看铁生,也把铁生的获奖证书带给他。

在铁生的家里,主编还对铁生说了我和铁生并列获得一等奖的消息。

我红着脸说:"铁生,我获奖吧……是偶然,你那篇获得一等奖才是必然呢。"

"别这么说。"

铁生说:"别这么说啊你……"

他显得特别高兴:"这事吧,我觉着咱们怎么着也得庆祝庆祝啊。"

他想了一会儿,仰起脸来笑着说:"这么着吧,咱们一起吃顿饭好不好?"

我和主编都竭力推辞。

明摆着的,如果到外面饭馆吃饭,铁生很不方便;我如果自荐出去买,想来铁生也不会同意;让我们主编去,显然就更不合适了。

这时,铁生的父亲走过来说:"别走了,都留下吧,我到街上饭馆点几个菜回来不就得了。"

我们虽然很是不忍心,但也想不出更好的办法了,看得出,铁生是诚心诚意地想留我们吃饭。

那是第一次和铁生一起吃饭。

饭菜上桌后,铁生直接把轮椅摇过来,我们围坐在圆桌旁,宾主尽欢。

席间谈起做饭的事情,我说,我常常觉得做饭是一件特别麻烦的事,要买要做要收拾,得耗费人多少精力和时间啊,总觉得十分可惜,要是天天像这样吃现成饭多好啊。

铁生听了我的话,乐得直笑。

笑过之后,他一本正经并很有条理地说,在吃饭和做饭的问题上,人大致可以分成三类:第一类是喜欢吃又喜欢做的;第二类是喜欢吃但不喜欢做的;第三类是既不喜欢吃又不喜欢做的。

我们都表示赞成。

铁生问我:"那你属于哪一类啊?"

我说:"我属于最后一类啊,就那'不喜欢吃也不喜欢做'。"

铁生慢条斯理地说:"嗯,这大概是最不可救药的一类。"

我们都一起笑了起来。

和朋友在一起是铁生最最高兴的时候,他侃侃而谈,妙语连珠。

铁生说话有条理,可能是很多朋友的共识——他的双腿虽然不能带他到任何地方去,他却可以让思想穿越很多人迹罕至的小径、山谷以及山顶。

比如，说到音乐。

他幽默地说："我一直惭愧并且怀疑我是不是个音乐盲，后来李陀说我是，我就不再怀疑而只剩了惭愧。"

但是，这就像铁生很有条理地归纳做饭问题上的三类人一样，乐盲也并不妨碍他对音乐说出独特的认识。

在《一封关于音乐的信里》，他这样写道："音乐在我看来，可分两种：一种是叫人跳起来，一种是叫人沉进去，我爱听后一种。这后一种又可分为两类：一类是无论你在干什么，一听就'瞪眼卧倒'不动了。另一种则是当你'瞪眼卧倒'不动时才能听，才能听得进去。而于我，又是后一种情形居多。"

他进一步发挥说："听音乐还与当时的环境有关，不同环境中的相同音乐，会有完全不同的感受。在闹市中听唢呐总以为谁家在娶媳妇。我常于天黑时去地坛，独坐在老树下，忽听那空阔黑寂的坛中有人吹唢呐，那坛占地几百平方米，四周松柏环绕，独留一块空地，无遮无拦对着夜空，唢呐声无论哀婉还是欢快却都能令人沉迷了。当然，更与心境有关……"

喜欢和铁生聊天，还因为他的睿智。他的想法总是比较深入和深邃，但是，他也总能用浅显易懂的话把那道理说得分明，给人精神上的愉悦和启迪。

比如，关于写作，铁生说："我自己呢，为什么写作？先是为谋生，其次为价值实现，然后才有了更多的为什么。现在我想，一是为了不要僵死在现实里，因此二要维护和壮大人的梦想，尤其是梦想的能力。至于写作是什么，我先以为那是一种职业，又以为它是一种光荣，再以为是一种信仰，现在则更相信写作是一种命运。并不是说命运不要我砌砖，要我码字，而是说无论人干什么事，终于逃不开那个'惑'字，于是写作行为便发生。"

说到残疾人事业以"人道主义"为宗旨的时候，铁生深刻地阐述了"人道主义"的内涵和外延,更令人耳目一新。

他说:"人最主要的标志既是精神,那么仅仅的救死扶伤显然不能算彻底的人道主义。救死扶伤仅仅是关心人的肉体,而忘记了人的精神。把一个要死的人弄活,把一个受伤的人治愈,然后不给他伸展精神的权利岂非最大的不人道吗?"

铁生那天谈话的兴趣很浓,我们主编也年轻有为,很有才华,他们大有相见恨晚的感觉。

为了他身体的缘故,我们只好提出了告辞。

铁生还真诚地一再挽留,但我了解铁生,他尽管体力不支,也不会扫了朋友的兴。

在路上,我们还兴致勃勃地谈论着他,我告诉主编:有一次,杂志社搞一个活动,需要铁生的照片,一个男编辑被派到铁生家索要一些照片,然而,他空手而归。原来的主编对我说:你去吧,你和铁生比较熟,任务可一定要完成啊。

铁生看到我们又为照片而来,十分过意不去,赶紧把相册和一些零散的照片都翻出来,授权给我说:"你尽管挑。"

其中,还有他小时候的照片,虎头虎脑的,非常可爱。那双黑亮的眼珠专注地看着对面的墙,仿佛那里有一个命运用密码写成的谜,他在费劲地猜测。

也是第一次看到铁生母亲的照片,美丽而知性。那么美好的女人,却有那么艰难的命运,不禁令人扼腕叹息。

她有一个出色的儿子,如果,她曾经为了他而担心和难过,现在和余下的日子,她足可以为他骄傲了。

所以,她的不在,也让我们深感遗憾。

一些朋友从《我的梦想》中知道了铁生对刘易斯的喜爱和羡慕。

大家多年来一直努力,从中穿针引线,想促成两人的会面,想帮助铁生实现这个梦想。

我国体坛名将李彤曾经用英文给刘易斯读了铁生《我的梦想》中有关他的内容，刘易斯非常感动，表示有机会一定去见见这位大洋彼岸的知音。

2001年3月20日，这个机会终于来了。

这是一个等待了十三年的相聚。

当天，也是铁生在医院做透析的日子。为了赶时间，铁生透析提前了一个小时，而且只做完一半。

朋友们直接把他从医院接到会见现场，从来都很低调的铁生，见到早就等候在那里的记者，笑容满面。

当刘易斯出现的时候，铁生自己摇着轮椅迎了上去，刘易斯以敏捷的步伐迎上来，两双肤色不同的手紧紧地握在了一起。

我当时没有在场，但是我想，男人比女人理性，不会轻易流露自己强烈的感情或者感动，铁生在见到刘易斯这位让自己唯一"发烧"的偶像时，一定很激动，也一定努力克制着自己内心汹涌澎湃的情感——但是，正是因为这种真情流露的罕见、真实和克制，才更具感染的力量啊。

为了这次不同寻常的见面，铁生的朋友还特意制作并现场播放了刘易斯在历届奥运会获得金牌的视频。

正如铁生表达的那样："你看刘易斯或者摩西跑起来，你会觉得他们是从人的原始中跑来，跑向无休止的人的未来，全身如风似水般滚动的肌肤就是最自由的舞蹈和最自由的歌。"

刘易斯的风采一次次让铁生激动不已，他当面赞美刘易斯是自己最喜欢并且最羡慕的人。铁生说："跑得快的运动员有很多，但像你一样跑得美和飘逸的人没有。"铁生还说："奥运会的口号是更快更高更强，我觉得应该加上更美！"

他告诉刘易斯，1997年他去美国的时候，还特意到洛杉矶体育场去过，但是没有见到他。

铁生把自己一套签名的文集送给刘易斯,刘易斯则把自己一张镶嵌在相框里的签名照片和一双蓝色的耐克鞋送给铁生,并在鞋帮上用金色的油彩笔签下自己的名字。

铁生笑着说:"我要把鞋供在书柜里,照片放在鞋旁边,有人来了就跟他吹牛。"

那天,铁生高兴和满足得就像一个孩子。

我不知道——那之前和那以后,铁生有没有意识到:他也堪称是一位出色的竞技优胜者——他所能达到的高度、他的耐力、他的冲刺精神和跨越障碍的能力、他的勇敢和不轻易放弃的精神,都具有一个运动员最全面最优秀的素质。

所以,他其实一直都跑在我们的前面。

其实对他,我们就像他对刘易斯一样,充满喜爱和敬意!

父母的特质，在他的文字里完美结合

曾经，在铁生的家里，我遇见过一个身体健康的女孩子，有一双大眼睛和长长的发辫，但是，从那双眼睛里流露出来的失落和忧伤，让我看出了她的情感秘密。

因为熟悉，更因为关心，我单独问过铁生：你干吗不同意呢？

铁生坦率地说：我让她以后别来看我了……有一次她还对我说，我都同意了，你干吗还不同意啊？

铁生说：什么叫"我都同意了……"

我一下就明白了，铁生无疑是对的。

无论人与人之间有多么大的不同，但是只要我们灵魂的分量和质量一样，那我们在爱情和上帝面前就都是平等的。

爱情不是怜悯，不是施舍，不是交换，不是两个人仅仅单纯地向着彼此的身体靠近，而是一种心灵的深度诉求和灵魂的生死相依。

另一次，铁生告诉我，他遇到了愿意相伴一生的女孩儿。

铁生告诉我，这个女孩儿，是西北大学数学系的。

我惊讶地说，学数学的女孩儿啊，她一定特别聪明！

铁生高兴地点头，说，对，彼此一见面就觉得非常说得来。

我猜想，当时很多人都还不知道这件事，而他有点儿神秘而喜悦地告诉了我,我为他对我的信任而快乐,也由衷地为他感到高兴。

他的睿智更让我对于他的这个重要人生选择很有信心。

有一次,铁生打电话叫我去他的家里一趟,我和杂志的副主编一起去了他家。

那是我第一次去铁生的新家,整洁温馨,阳光明亮地洒满每个角落。

他的妻子热情地招待我们,给我们沏茶,端糖果,她快活地昵称铁生为"那史"。

看着这个温暖明亮的家,看着铁生坐在轮椅上一如既往的微笑,我十分欣慰。

有女人的家到底是不一样啊!如果男人是山,女人是水,水围绕山而流动,那山的坚硬也必因为水的柔软和缠绕而润泽起来,不是吗?

当时铁生的家里,还有几位客人,其中有一位是金发碧眼的外国女子。

铁生给我和她做了相互介绍。

她叫柯丽丝,是一位研究中国文学,也研究铁生作品的澳大利亚学者。

铁生说:柯丽丝前不久在北京图书馆看到《三月风》杂志上一些残疾作者的小说,很感动,很想找这些作品的责任编辑聊一聊,但她不知道怎么找到你,所以就找到了我。

她很聪明,方向也对,也就几乎没费什么周折。

铁生说:你们就在这儿聊吧,一会儿一块儿吃饭。

我们——我和这个叫柯丽丝的外国女子,在客厅一角,临窗的地方交谈,聊得很专心。

柯丽丝说:在国外,残疾人写作只是极个别的文学现象,而且是在生存条件获得充分保障之后的某种消遣或者选择。

她不太理解,中国这个残疾群体中的很多人,为什么在如此艰难的条件下,不约而同地选择文学创作?这似乎是对马斯洛那个著名"需求层次论"理论的一个反叛?

柯丽丝的中文很流利,和她交流几乎没有障碍,基本是她提问题我回答,或者我们就一个问题争论,各抒己见。

最后,我们都感到意犹未尽,为了不过多打扰铁生,又约好第二天她去我家,我们继续讨论或者争论。

那次,我没有见到铁生的父亲。

那个我见过很多次却没说过几句话的老人,一直坚持到把儿子交给一个让他放心的女子之后才安心离去。

后来,我在铁生的散文《老家》中看到了他对父亲的回忆和深切缅怀。

铁生四十六岁那一年,曾经随父亲、伯父和叔叔回了一趟老家。

> 高高的土坡上,一排陈旧的瓦房,围了一圈简陋的黄土矮墙,夕阳下尤其显得寂寞、黯然,甚至颓唐。那矮墙,父亲说原先没有,原先可不是这样,原先是一道青砖的围墙,原先还有一座漂亮的门楼,门前有两棵老槐树,母亲就经常坐在那槐树下读书……
>
> 这回我们一起走进那院子,院子里堆着柴草,堆着木料、灰砂,大约这老房是想换换模样了。主人不在家,只一群鸡"咯咯"地叫。
>
> 叔叔说:"就是这间屋。你爸就是从这儿把你妈娶走的。"

铁生这样描述沉默寡言的父亲:"父亲避开我的目光,不说话,满脸通红,转身走开。我不敢再说什么。我知道那不是因为别的,是因为不能忘记的痛苦。母亲去世十年后的那个清明节,我和妹妹曾跟随父亲一起去给母亲扫墓,但是母亲的墓已经不见,那时父亲就是这样的表情,满脸通红,一言不发,东一头西一头地疾走,满山遍野地找寻着一棵红枫树,母亲就葬在那棵树旁。"

铁生说,巨大的灾难让我们在十年中不敢提起她,甚至把墙上她的照片也收起来。

从母亲的突然辞世中他领悟到:

越大的悲痛越是无言:没有一句关于她的话是恰当的,没有一个关于她的字不是恐怖的。

十年过去,悲痛才似轻了些,我们同时说起了要去看看母亲的坟。三个人也便同时明白,十年里我们不提起她,但各自都在一天一天地想着她。

铁生说:"父亲满山跑着找,终于找到了他当年牢记下的一个标志,说:离那标志向东三十步左右就是母亲的骨灰深埋的地方。但是向东不足二十步已见几间新房,房前堆了石料,是一家制作墓碑的小工厂了,几个木匠埋头叮当地雕琢着碑石。父亲憋红了脸,喘气声一下比一下粗重。妹妹推着我走近前去,把那儿看了很久。又是无言。离开时我对他们俩说:也好,只当那儿是母亲的纪念堂吧。虽是这么说,心里空落得以至于疼……一个你所深爱的人,一个饱经艰难的人,一个无比丰富的心魂……就这么轻易地删减为零了"。

铁生在《老家》里写道:

我常猜想母亲的感情经历。父亲憨厚老实到完全缺乏浪漫,母亲可是天生的多情多梦,她有没有过另外的想法?从那绿柳如烟的河岸上走来的第一个男人,是不是父亲?在那雾霭苍茫的河岸上执意不去的最后一个男人,是不是父亲?甚至,在那绵长的唢呐声里,有没有一个立于河岸一直眺望着母亲的花轿渐行渐杳的男人?还有,随后的若干年中,她对她的爱情是否满意?我所能做的唯一见证是:母亲对父亲的缺乏浪漫常常哭笑不得,甚至叹气连声,但这个男人的诚实、厚道,让她信赖终生。

母亲去世时,我坐在轮椅里连一条谋生的路也还没找到,妹妹才十三岁,父亲一个人担起了这个家。二十年,这二十年母亲在天国一定什么都看见了。二十年后一切都好了,那个冬天,一夜之间,父亲就离开了我们。他仿佛终于完成了母亲的托付,终于熬过了他不能不熬的痛苦、操劳和孤独,然后急急地去找母亲了——既然她在这尘世间连坟墓都没有留下。

铁生的文字让我对他的父亲,那么一个老实得近乎木讷的老人有了更深的了解和理解。

这是一个被拣选出来背负自己和儿子沉重命运的男人,他从来都默默站在儿子的身后,是儿子最可靠的靠山。他从来不对任何人炫耀或者诉苦,毫无怨言地背负着自己命运的十字架,步履蹒跚然而却无比坚定。

可能,只有在深夜,在别人看不见的地方,才会悄悄叹息或者在梦里对去世的妻子诉说衷肠吧?

等到天明,他又开始操劳和劳作,永远都是默默的,毫不张扬自己的难处,过着每天几乎一模一样的日子,从来没有因为自己的付出要求其他人"为他考虑和着想"。别人的目光都在他的儿子身上,他的目光也一直都在儿子身上,儿子就是他的使命和责任,也是他的骄傲和希望。

我坚信,他能二十年如一日地做到这一切,一定源于自身的一个信念，他必是对那个他用花轿娶来的女子有过承诺，而他也真正做到了一诺千金。

写到这里，我突然有了一个发现（我不知道是否已经有人发现过）——铁生，他继承了父亲诚实厚道和无怨无悔付出的品性，同时，也继承了母亲浪漫多情和柔韧温和的特质。

这两者，十分和谐统一地在铁生的生命和文字里张扬出来，形成了铁生那些作品的独特风格——既厚重深沉，又充满经久不衰的魅力；既充满感性和爱，也充满智慧和理性；既可引为导师，也可当作最好的朋友。

铁生的文字能让人激动起来，然后慢慢沉静下去，那是一种澄澈的宁静。

一直生活在透析和死亡的阴影里

铁生的新家宽敞明亮,还有了一个聪慧能干的女主人,和我最初去他家的情景完全不同了。

我相信,对于铁生来说,现在最最重要和宝贵的就是时间了,铁生需要更多安静写作和思考的时间,过多的打扰对他会是一种负担了——所以,我想,关心铁生最好的方式是默默地关注和祝福他,而用心读他的作品也就等同于和他交谈了。

我知道,铁生几乎每星期做三到五次透析,一次就占用半天时间。

因为透析将毒素排出去的同时,也将很多营养物质排了出去,透析后,他特别没精神,特别需要休息,写作的时间就被压缩得很少了。

而铁生,对于自己的身体和生命,又始终都是那么清醒,我理解他的内心有多么焦灼,他有多少作品想急着写出来。写作,是他的宿命,也是他的使命。

从那以后,就没有再去铁生的家,而且,凡是有从外地来的作者或者朋友问我铁生的地址,想去拜访他,我都对铁生的住址守口如瓶——

因为设身处地从铁生的角度想,我能理解对于一个健康不佳、精力有限,而又渴望做事和写作的人来说,时间的被分割和敲碎,是一

2006年，史铁生在家中写作

> 铁生，对于自己的身体和生命，又始终都是那么清醒，我理解他的内心有多么焦灼，他有多少作品想急着写出来。写作，是他的宿命，也是他的使命。

件多么无奈和痛苦的事。

那之后,在人民大会堂我又见过铁生一次。

是在人民大会堂的台阶下面。

参加一个大会,会后,在台阶下面偶然碰到。事先,我并不知道铁生也被邀请来参加这个会议。

铁生看见我和编辑部的其他同事,就摇着轮椅过来了,脸上挂着我所熟悉的温暖真诚的笑容。但是,我们几乎同时注意到铁生的脸色,黯黑、憔悴,皮肤没有一点儿光泽。

我们都问起他的身体情况。

他说自己一直做透析,每天整整一上午都耗在医院。

铁生说,做透析,不仅费时间,费用还特别贵。他说,很多患尿毒症的患者都自动放弃了,那也就等于放弃了生的希望和机会。

他说,透析的时候,哪天哪个人没再来,是常有的事。

他抬头看看头顶的蓝天,眼睛里掠过一种无奈和悲天悯人的忧愁。我想,他忧心的绝不仅仅是自己(北京作协每年特别为铁生拨出专款用作他透析的费用)。

铁生是为那些没有条件做透析的普通患者而忧心。

一个人,对于自己忧心的事无奈而无助,那也是一种绝望和折磨。

他没怎么说自己,只是说,写得很少了,精神不行了。

匆匆告别时,大家都纷纷说,铁生,保重啊,再见!

然后,我们就目送他坐在轮椅上的背影,缓缓消失在熙熙攘攘的人群里。

在广阔的蓝天下,在拥挤的天安门广场上,在各色衣着的人群中,他因为疾病和轮椅而显得那么与众不同,那么与众不同又那么普通。

我想,铁生的外在和内在,从来都不像黄金那么光彩夺目,而是温润如玉,更稀少珍贵,也更内敛美好。

一位懂中医的朋友说,在五脏中肾属水,对应的五色是黑色,你们看铁生的脸色,他病得不轻。

我们的心都被她说得沉甸甸的。

我们也说到他的妻子。她在京城一家出版社做编辑,工作非常繁忙,还要照顾铁生,接送铁生做透析。小阿姨推着铁生的轮椅,她骑着电动三轮车跟在旁边——在北京熙熙攘攘的人潮中,这是怎样独特的一幕啊!

我想起在杂志和电视上,看到过两个爱情故事,让我十分难忘,尤其那结局,曾令我百思不得其解。

一个故事发生在中国上海,"上山下乡"的年代。

男孩儿出身好,女孩儿则出身有"问题"。

在那个年代,他们的爱情几乎遭遇到所有人的反对,包括双方的父母,尤其是男孩儿——他出身好,本来前途无量,毕业后可以留在上海工作,那多么让人羡慕啊!

女孩儿出身不好,必须去农村"改造"自己,她根本没有资格留在上海工作。

最后,男孩儿放弃了留在上海工作的机会,顶着巨大的社会压力和家庭压力,与心爱的女孩儿一起被下放到条件艰苦的农村。女孩儿也承受了很沉重的心理压力和误解、谩骂。

但是,他们不在乎,只要和自己爱的人在一起就行。

他们就这样在条件艰苦的农村,过起了日出而作日落而息的牛郎织女般的生活。

按理说,这样顶着千钧压力的爱情,其实已经经受住了现实的考验,应该没有什么力量能够把他们分开了。

但是,他们却离婚了。

起因是一件小得不能再小的事。

那是一个物质十分贫乏的年代。

中秋节,生产队发给每人两块月饼。

当时,女的没在家,男的吃完自己的两块,又在犹豫再三的情况下,吃了属于女的的那半块、一块、一块半,最后索性把那两块月饼都吃了。

在这个过程中,他一次次以"反正她是女的,吃得少,也不爱吃甜的"为理由来说服和纵容自己。

女的回来,知道这件事后哭了,说:"离婚!"

男的不敢相信:"我为你,跟你到农村来,吃了那么多苦,就为这么点儿小事,你就要离婚?"

"对,就这么点儿小事,你都不为我想,你那么自私,我还能指望你什么?"

这个结局,让我百思不得其解——两个人,把自己的命运和一生都交给对方了,怎么能为这么点儿小事就离婚呢?

由此可见,爱情与婚姻的不同以及婚姻的玄妙高深之处。

后来,又在电视里看到一个同样发生在现实生活里的故事,更加令人深思。

一对年轻的外国夫妇,带着他们五个月大的婴儿,从某地到某地去。路上,突然遭遇了一场罕见的暴风雪,气温骤降,狂风呼啸,四野白茫茫一片,目力所及之处,都是漫天飞舞的雪团。

更糟糕的是,他们迷路了,闯入一个冰天雪地的无人区,方圆多少里都没有人烟。他们被迫困在汽车里,根本无法与外界联系。

第四天,他们分吃了最后几块饼干,女的把雪水放在嘴里融化喂给婴儿。

第七天,他们决定弃车自救。

在冰天雪地的荒原上,他们饿着肚子跋涉了一天一夜。女的脚严重冻伤了,无法行走。男的找了一个相对安全的地方,挖了一个雪洞,让妻子和婴儿卧在里面,他继续跋涉,到地图上指示的二十里外的一个小镇寻找救援。

分别,也可能是永别。

他们一遍遍地紧紧拥抱和亲吻,男的一遍遍保证:"等着我,我一定会成功的。我一定会回来的,等着我,一定要等着我!"

他把自己红色的外套挂在洞外干枯的树枝上,就踩着厚厚的积雪一步三回头、依依难舍地走了,渐行渐远。

劳累、饥饿、寒冷和恐惧让他好几次都想放弃了,想静静地躺在地上,永远地睡过去。

为了妻子和儿子,他终于坚持了下来——他们全家也最终获救。

我被感动得热泪盈眶。

这时,电视里传来画外音:几年后,这一对夫妇离婚了。

我简直不敢相信:共同经历过生死的考验,他们坚贞的婚姻关系为什么还是解体了?

我一直在思索和寻找一个合理的解释。

最后,我得出自己的结论:第一,人都是相爱容易相处难;第二,男人和女人对于婚姻的理解和期待值有认知上的差异,上海那对夫妻的感情经历也说明了这一点:对于一个男人来说,那仅仅是几块月饼的小事,而对于一个喜欢把小事上升为爱情高度的女人来说,小事就是大事,至少可以"以小看大";第三,无论多么坚贞美好的爱情,都会最终绚烂之极归于平淡,归于柴米油盐,归于平凡和琐碎,那时,爱的光环就消失了;第四,我认为也是最重要的一个原因:瞬间发生的灾难可以升华人的感情,使他们彼此更加依恋,靠得更紧密,而日常琐碎的平淡生活,恰恰是在消磨人的爱情和激情,让他们日渐疏离、失望和改变。

从这两对夫妻身上,我看到,相对于爱情,婚姻关系更脆弱一些——爱情是在天上比翼双飞,浪漫而美丽,自由而快乐;婚姻,是背负着对于彼此的责任在地上走,它不仅磨损鞋子,还磨损人的足底、耐心、坚持与信念。

而铁生和妻子,他们一起面对了苦难、灾难、病痛,又一起走过了二十多年的平凡琐碎的岁月。

在这个漫长和艰辛的过程中,他们始终牵着彼此的手,不离不弃,已经没有什么力量能把他们真正地分开,就连死亡也不能,因为他们已经成为一对生死相依的灵魂伴侣。

自从在人民大会堂见到铁生之后,虽然和朋友几次相约去看看铁生,但终于没有去成。

谁也没想到,那次会面,竟是最后一面了。

现在想来,我很是有些遗憾,但是我也并不后悔,我为能给铁生省下一些写作的时间而欣慰,并且以此宽慰和安慰自己。

有的人,也许天天见面,转身就可能不再记起;而有的人,即使不再见面,也永远都不会忘记。

2010年最后一天。

清晨,我像往常一样,上网浏览各网站的新闻。

一条关于铁生逝世的消息,如乌云一样飘过来,我惊呆了,怀疑自己看错了,也真的希望是自己看错了!

前不久,还传出他因肺部感染住院又出院的消息,听说,朋友们还策划给他过生日呢。

我揉揉眼睛,贴近了计算机屏幕:"2010年12月31日凌晨3点46分,著名作家史铁生因突发脑溢血逝世。"

再过若干小时,新一年的阳光就要升起来了,可是,铁生没有等到。

再过四天,就是铁生的生日了,他也没有等到!

我不敢相信,不愿意相信,那个多年与死神抗争如战神一般的你,就这么匆匆地走了?

在我泪水迷蒙的眼前,清晰浮现出铁生温暖的笑容,栩栩如生……

其实,多少年来,铁生都生活在死亡的阴影里。

好多年前。

有一次,我去看铁生,他正病着,嘴唇干裂,形容枯槁,躺在床上有气无力地对我说:"都高烧好几天不退了。"

他说:"这回……怕是真的不行了。"

我知道,对于一个肾功能几近衰竭的病人来说,这种来势凶猛的高烧是最致命的。

我故作镇定地安慰他:"别瞎说铁生,你不会的,哪儿会呢,救护车一会儿就到,我们送你去医院,到医院就好了,医生肯定是有办法的。你要对医生有信心,更要对自己有信心啊!你听见没?"

救护车呼啸而来,停在雍和宫大街26号院子外的路边。

其他几位朋友用担架把铁生抬上去,我跟在担架旁边,把铁生护送到医院。

在医院,医生安排了一系列抢救措施。别的朋友去办理各种缴费手续的时候,我在担架旁边守护着他,铁生睁开眼睛,疲惫地笑了笑,说:"多亏大伙……差点儿就交待了。"

铁生对我说:"你回去吧,这儿有这么多人。你们杂志社的主编也知道了,他派的人也正往这儿赶呢……嗨,惊动了那么多人。"

他满脸的歉意和不安。

那以后,其实心里总隐隐地担心这一天的到来。

但它还是来了,而且来得过早、过于仓促,让铁生的亲人、朋友以及他的读者们都感到这消息是那么猝不及防!

我想,铁生时时刻刻都感受到了死亡威胁,所以,他从来不回避生死的问题,他只是不知道那一刻什么时候到来?就像法国散文随笔作家蒙田所说:"我们不知道死亡在哪儿等着我们,所以,让我们处处等待死亡。"

铁生在一篇散文中写道:"现在我常有这样的感觉:死神就坐在门外的过道里,坐在幽暗处,凡人看不见的地方,一夜一夜耐心地等我。不知什么时候它就会站起来,对我说:嘿,走吧。我想那必是不由分说。但不管是什么时候,我想我大概仍会觉得有些仓促,但不会犹豫,不会拖延。"

我相信,一个对生死早已看得透彻的人,他走的时候,虽然仍有些仓促,但也走得坦然和从容。

遵循铁生生前捐献人体器官的遗愿,他的妻子在相关捐赠档上签下自己的名字。

想想铁生这一生,真如他自己所说:生病就是他的职业。

1972年,他双腿瘫痪,从此,就坐在轮椅上,再也没能站起来。

1980年,他突发性肾衰竭,其实也与他的瘫痪有关。医生为他做了膀胱造瘘手术。那时,医生就说,你难免有一天要做透析。

1998年,铁生开始做透析,用这种办法维持日渐衰弱的生命。

1999年,我摔伤且右臂骨折,曾经有长达半年的治疗,有好几个月,天天都要跑积水潭医院做蜡疗和康复功能的训练,每天都有多半天时间耗在医院里,耗在因疼痛而紧锁眉头和痛苦呻吟的人群里。

我深深知道,那是怎样焦灼、无奈和艰难的生活!

这样的生活,铁生过了十多年。

那是怎样的坚持,怎样的煎熬和怎样的不肯放弃啊!

很多人赞美铁生坚强,但是,我以自己切身的经历感受到:其实,没有人对残酷命运有天生的抗击打能力。你看拳击赛场上,那些伤痕累累、傲然挺立到最后而没有被对手击倒的人——人们看到的是他们在聚光灯下的光荣和胜利,其实,在这之前,他们是在成千上万次的摔倒和爬起中学会了坚持、站立和绝地反击!

坚强,是他们在强大专横的命运面前保持人的尊严的一种方式。他们也借此向世人宣布:只要我战胜了自己,我就战胜了一切,因为只有我自己可以打倒自己!

人的最后一个令人恐惧的敌人就是死神。

而铁生早已和那个坐在门外过道里,一夜一夜耐心等待他的死神对视了多年。

有一天,死神必是不由分说要带走他的生命,从这个意义上说,没有人能够战胜死神,死神将是最终的胜利者。

但是,对于那些微笑面对死神的人,死神不过是一个引渡者和黑衣使者。

它带走的仅仅是铁生千疮百孔的身体,而带不走铁生的精神和他在亲人、朋友心中的记忆。

在写这部书稿的时候,我曾经梦见过铁生一次。

我梦见到他的家里去约稿,铁生的家里依然宾朋满座,他就坐在朋友们的中间,笑容生动温暖,一如生前。

醒来之后我想起,以前,有一次聊天的时候,铁生很高兴地对我说:"别的比赛我不敢吹牛,如果比赛交朋友,我肯定得第一。"

他有点儿得意地笑着,笑得就像他十岁作文得第一的那次一样。

凡是接触过铁生的人都成了他的朋友,然后是朋友带来朋友的朋友,铁生的朋友们就如滚雪球般扩大。

他有理由得意。

回忆梦中铁生家依然宾朋满座的快乐景象,我十分欣慰。

铁生,我相信,朋友们一直都和你在一起,你也一直都和我们在一起,你的气息,你的文字,你的精神,还有你温暖的笑容!

铁生写过一篇小说叫《命若琴弦》。

1997年,由著名作曲家瞿小松根据铁生小说《命若琴弦》改编的同名歌剧在欧洲演出并获得了巨大成功。2011年底,在北京首都剧场首演,瞿小松亲任指挥,旅美著名男低音歌唱家龚冬健担任主唱。

所以,铁生去世的那个晚上,被朋友们沉痛地命名为"弦断之夜"。

他轻轻地走了,捐献了全部健康器官

因为不愿意直面这一最后的过程,我在写到这里的时候,曾经选择性地省略了它。但在犹豫了很久之后,在最后的定稿之前,我决定补写那一日所发生的。

我没有在场,我只是根据从始至终守护在铁生身边的朋友的描述还原当时的情景:

2010年12月30日,星期五,农历十二月初六,阴天,最高气温1度,最低气温零下5度。天气预报还显示,可能有降雪。

铁生的妻子下班正往家里赶。半路上,她看到一辆急救中心的救护车,一路鸣笛,在行人惊愕的目光里,风驰电掣般闪过去。

她心里想,这么大冷天里,要是叫救护车真够呛。

那天,真够冷的,据说还有强冷空气到达或将要到达北京。

当她走进社区的院子时,发现刚才路上碰到的那辆救护车正停在自己家门口。那时候,铁生已经被抬到车上。

她跟着爬上车。

铁生脸色苍白,已经快要陷入昏迷状态,她看见铁生的嘴唇在微微扇动,好像在说什么,赶紧凑近铁生问:"你说什么?"她听到铁生吃力而清晰地说:"我……没事。"

那其实是铁生留在这个世界上最后的话。

那最后一句话是试图安慰他的爱人和朋友们。

在朝阳医院的急救室里,医生很快做出突发脑溢血的诊断。这时,他的妻子面对很多患者家属都必须面对的艰难选择:放弃治疗还是做开颅手术?不做,人非常危险;做了,也要面对并不乐观的情况。

这是一个艰难的抉择,感情不能代替理性,而且,这个决定也应该符合铁生本人的心愿。

他的爱人走到一边,给在美国的孙立哲打电话,征求他的意见。孙立哲是铁生多年的莫逆之交,也有多年从医的丰富经验。

他嘱托说,一定要挽留住铁生的生命,无论付出什么代价!然后,他给国内很多朋友发了短信,拜托大家关注铁生。其中,有个朋友立刻给国内脑外科专家凌峰大夫打电话,她曾经参加过救治凤凰卫视主持人刘海若的工作。

很多朋友和凌峰都立即赶往医院。他们赶到时,铁生已经深度昏迷。

凌峰知道铁生喜欢安静,想让他有一个更好的环境,就给自己所在的宣武医院打电话,请他们准备一个安静而整洁的单间病房。

他们在赶往宣武医院的路上,孙立哲又打来电话,希望由凌峰给铁生做开颅手术,哪怕有一丝希望也别放弃。

凌峰说,铁生的情况堪忧,他已经深度昏迷,对光的反应完全消失。如果由她为铁生做开颅手术没有问题,但是完全康复的几率几乎没有。

铁生是作家,写作是他的使命和宿命,如果仅仅是活着,大脑和手都无法使用,那对铁生有什么意义呢?

最重要的是:那是铁生自己的心愿吗?

现在,铁生的妻子和朋友们只有一个心愿:完成铁生生前要求捐献人体器官的心愿。

而此刻,代表天津红十字会接受铁生捐赠器官的医生正星夜兼程,从一百三十多公里之外赶往北京。

铁生在《说死说活》一文中如此写道:

我离开史铁生以后史铁生就成了一具尸体,但不管怎么说,白白烧掉未免可惜,浪费总归不好。我的意思是:

①先可将其腰椎切开,到底看看那里面出过什么事——在我与之相处的几十年里,有迹象表明那儿发生了一点儿故障,有人猜是硬化了,有人猜是长了什么坏东西,具体怎么回事一直不甚明了。我答应过医生,一旦史铁生撒手人寰,就可以将其剖开看个痛快。那故障以往没少给我捣乱,但愿今后别再给"我"添麻烦。

②然后再将其角膜取下,谁用得着就给谁用去,那两张膜还是拿得出手的。其他好像就没什么了。剩下的器官早都让我用得差不多了,不好意思再送给谁——肾早已残败不堪,血管里又淤积了不少废物,因为吸烟,肺料必是脏透了。大脑么,肯定也不是一颗聪明的大脑,不值得谁再用,况且这些东西要是还能用,史铁生到底是死没死呢?

我理解,妻子在替铁生完成心愿的时候,一定怀着深深的爱。这让我想起另一个有关爱情的真实故事。

有个妻子,她的丈夫是位登山爱好者,曾经发誓要征服一座著名的高峰,他尝试了很多次都失败了,那是他一生的心愿。

后来,他终于如愿以偿。但是,他从顶峰下来的时候遇到雪崩而殉难。

朋友把这个噩耗告诉了他的妻子。

她含泪问的第一句话是:他是上山的时候遇难的还是从山顶上下来时遇难的?

这是爱之深切的一句话。

因为她最理解丈夫,她希望丈夫是死于完成心愿之后。只有她懂得,那样,丈夫就没有遗憾了。

铁生的心愿,只有最爱他最了解他的妻子能够完成。而铁生自己,也为了这个心愿在努力坚持着。因为人一旦停止呼吸十五分钟,他的任何器官都没有捐赠的意义了。

铁生深度昏迷,但他一直坚持了九个多小时,直到天津红十字会的医生赶到。

在停止呼吸后,铁生分别捐赠了大脑、脊髓和肝脏。

在场的医生护士,这些看惯生与死的人,站在铁生的遗体旁,细致完整地为他缝合好,为他盖上家里温暖的被子,然后,向他深深地三鞠躬。

当朋友们一起把铁生送进医院的太平间时,妻子含着眼泪嘱咐说:"给他多盖点儿,他怕冷……"

这也是一句爱之深切的话。

九个小时后,铁生的肝脏在另一个人的身体里苏醒。

2010年,整个华北地区一共有五个人捐赠了人体器官,铁生是第五个。

铁生,就像一只传说中的荆棘鸟,命运的荆棘穿透他的身体,使他无法动弹,而且彻骨疼痛,他却始终在歌唱,直至泣血而亡。

他说过:我已不在地坛,而地坛在我。

他以及他留下的百万文字就是我们心中的地坛——有阳光般深邃的思想,有清新的空气,有青松翠柏般常青的文字,在那些思想和文字里,我们洁净着自己的心魂,然后带着一颗净化的心灵在尘世里行走!

他离我们已经渐行渐远,但是,他的精神、勇气和智慧以及这些燃烧的文字,如同明亮的火焰,会一直温暖和照耀着我们!

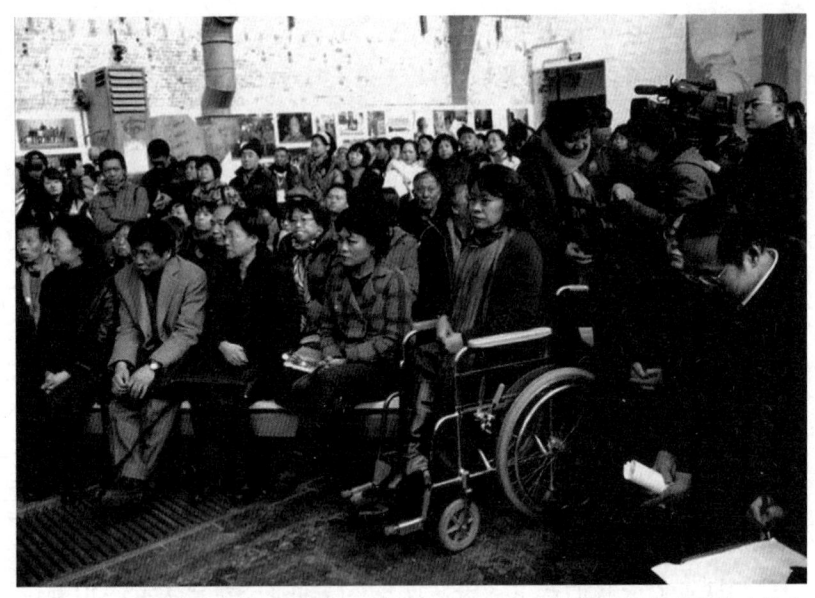

作家肖复兴、周国平、铁凝、张海迪、谷溪等生前好友缅怀史铁生

> 他离我们已经渐行渐远,但是,他的精神、勇气和智慧以及这些燃烧的文字,如同明亮的火焰,会一直温暖和照耀着我们!

读者缅怀史铁生

> 他以及他留下的百万文字就是我们心中的地坛——有阳光般深邃的思想、有清新的空气、有青松翠柏般常青的文字,在那些思想和文字里,我们洁净着自己的心魂,然后带着一颗净化的心灵在尘世里行走!

价值、梦想、爱情和心愿——我想,铁生应该是了无遗憾了。

铁生在文章中曾经提到徐志摩的诗句:轻轻地我走了,正如我轻轻地来。

他说:"徐志摩的诗未必牵扯生死,但在我看来,却是对生死最恰当的态度,作为墓志铭再好也没有。"

铁生,你说得好。

在写你的时候,我到书店买齐了你的所有作品。

在许多夜晚的静静阅读之后,我确认,你已经透彻地道尽了一切,那也说明了你对生死最恰当的态度——

那么,我想说,就用你的话作为结束语,是再好也没有了。

铁生说——

然后就把他送给鱼或者树吧。送给鱼就怕路太远,那就说定送给树。倘不便囫囵着埋在树下,烧成灰埋也好。埋在越是贫瘠的地方越好,我指望他说不定能引起一片森林,甚至一处煤矿。

铁生说——

但要是这些事都太麻烦,就随便埋在一棵树下拉倒,随便撒在一片荒地或农田里就行,也不必立什么标识。标识无非是要让我们记住他。

铁生说——

那么反过来,要是我们会记起他,那就是他的标识。在我们记起他那一处空间里甚至那样一种时间里,就是史铁生之墓。

而那墓碑,必然洁净如玉,历久而弥新。

附录

通往哲学的路
——读史铁生

孙 郁

一

记不清是在哪一年,那个闷热的夏夜我陷入了难耐的烦躁,彻夜的失眠使我不知做些什么。那时候我想起了史铁生,我记起了他的小说,他的散文,还有星星点点谈文学的文字。很奇怪为什么此刻竟想起了他,而在平静、自娱、狂欢的日子却从未有他的影子走来?我产生了一种愿望,想阅读他发表过的所有作品,我知道这一想法近于奢求,但在一种不安的心境下渴求一颗相知的灵魂,对我来说已成了精神中的唯一。后来我把这种感觉告诉了许多人,朋友们说当一个人缺少什么的时候,便寻找什么。我缺少史铁生式的感情么?缺少他的超越孤寂的心境么?人生有时莫明其妙的冲动,用概念是说不清的。史铁生之于我,不知为何有着这种奇妙的联系。

我后来有了阅读他的作品集的一个机会,那时候史铁生正在病中,作品也愈见稀少了。我冷静地沉浸在他的文字里,像一个潜海者,慢慢地向不可名状的深处滑去。最终的感觉和最初的体悟没有大的差异,他的精神气质永远被同样一种东西所固定。但那气质所折射出的气息是纷纭多样的,如一座迷宫,吸引着探究者不断地走下去。他的所有的痛楚、不安、困惑对我们每个凡人来说都是熟悉的,但我们却不经意地将其放过了,而他却用灵魂将其留住,描摹着,拆卸着,并且残酷地熬煎着自己的灵魂。精神的时空在他那儿忽然地开阔起来,但没有晴空,没有朗照。那是微明的晨光,也像昏暗的暮色,史铁生坐着轮椅,孤独地向苍茫中走去,多么像鲁迅笔下的过客!我在凝视他的背影时忽又想起了尼采,想起了贝多芬。虽然他的语境还缺少些什么,语体还略显笨拙,但阅读他的作品,你已忘记了它是文学,忘记了它是艺术。史铁生的魔力在于使我们暂将世俗一切外在的因素统统忘掉,而走进了哲学。当无数天才的感情天才的作家们狂热地钟情这个主义或那个主义的时候,史铁生却默默地行走在荒原里。他被冥冥中那个神秘所吸引,心灵弥漫着月色的余晖。他的自然无伪的独白使其生命泛起亮光,而使那些伧夫俗子们黯然失色。坦率说我深深喜欢上了他,同在一座城市我们无缘见面,但通过文字,好像已成了久违的朋友。

二

　　史铁生是一个可以使人激动的文人。他的目光中有时射出一种神性的色泽。他最初的文字不是这样,至少在20世纪80年代前,还看不到那么明显的哲人的影子。他后来枯寂的生活使其丧失了与社会直接交流的可能。一个残疾作家,除了回忆早岁的梦和己身的苦乐外,对正在变动的世界的理解,是有限的。但正是这一有限,使他沉浸到了人性之海的深处,得以有了对生命静观的可能。也正是这一静观,他将人的感觉阈限伸向了人性的极限——他拷问着、自省着、盘诘着——那些苍冷的独白是多么撼人心魄呀!有限与无限、必然与偶然、平凡与奇迹、绝望与幻觉……他的世界充满了悖论,满溢着困境。那些意象绝无世俗小调的浅陋和直白,我在他那儿感到了心灵的战粟。他的一切闪光的哲思似乎不是简单来自对书本的抄写,而是内心的体味。他的生命被染上了悲怆的原色,灵魂永远在不安中漂泊。一个曾经在死神前复生的人,才可以具有这样的视角,这样的情怀。史铁生以其燃烧的生命揭示了生命的一个隐喻:在通往未来的道路上,你唯一拥有的就是过程。他描摹了这一过程,展示了它的令人焦灼、幻灭、醒悟、企盼的复杂心绪。无论是小说《山顶上的传说》《中篇1或短篇4》,还是散文《我与地坛》,交织于其中的,均是一个东西——人本的困境。他写残疾者的孤苦,写命运的不可理喻性,都是来自心灵的歌哭。我阅读他的直面苍穹的文字时,竟泪不能禁。一切经历过苦难的人,都可以在其文字里感受到心灵的呼应。一个常人很少这样冷静地解剖着自己的灵魂,解剖着所谓信念、理性乃至意义。在史铁生那里,俗谛的召唤消失了,他以文学的笔,唤起了隐伏在生命躯体里的神圣的情感,他尽可能绕过被千百万人重复过的思维之网,精神被还原到一片混沌之中。一个被实用理性过分操作的民族,有时是需要这种混沌的,因为只有走向这种混沌,才会有死而复生的可能。

  在史铁生那里,闪现的是陷入绝境中的人顽强地生存下来的信念。这一点,使他将自我与人类的困境联系了起来,在一定意义上讲,他的气质里流动着人类共有的悲哀。他的文字疏散着对彼岸的渴望,以及无法抵达这一渴望的悲凉。生命的炽热欲求却在寒冷的空间被凝成霜粒,不可知的未来正将人引向空无的所在。他写小说,故事永远是单调的,但内蕴竟如此丰满。而有时,艺术的界限被踏破了,使你不知道这是诗呢还是散文,是小说呢还是随笔。形式对他并不重要,重要的是那颗漂泊的心。技巧、主义、思潮、热点均与其无缘,他的世界只有生命与苍穹。但这简单的元素却迸放着股股热流,你在红尘滚滚的商场可以看到这热度么?在变幻莫测的官场里能领略其风采么?不,你在世俗王国永远看不到它,在所谓精英文人那里也领略不到它。史铁生是一颗夜幕里的新星,虽微小而又微小,但其迷人的光泽,已使昏暗之夜显得更加无色。

史铁生最早回忆插队的小说,调子是明快的,虽文字里掩饰不住内心的苦涩,但你可以从其字句里感受到对一种纯净的向往。乡下的苦难岁月,被其以另一种笔墨描绘着,那其间,有对生命活力的渴望吧?一个丧失了行走能力的人,对曾有过的天真烂漫的生活,自然掩饰不了眷恋之情,不管那一段生活如何艰辛,但纯情者奋斗的历史,是值得回味的。作者正是在这一回味中,发现了人性的美,人性的脆弱。读《我的遥远的清平湾》,好似有一种汪曾祺式的韵味,小说是一种回忆,对史铁生来说,这种回忆,亦有自我升华的意味。他写陕北的乡间,能让人感到心性的淳厚。没有童心的人,不会那么动人地打捞出那美妙的瞬间。《插队的故事》尽管已很有些沧桑感了,但你在其间,可隐隐感到一丝自恋的痕迹。那已消失了的,成了历史的道道图景,正是作者生命力的外化。粗犷、劲健、苦涩的故事,内化着他生命的欲求。他并不以单一的目光去打量生活,他在美好中揣摩着丑陋,绝望中把握着希望。他好像在悲伤着什么,又礼赞着什么,至少在20世纪80年代初,其作品是这样的。在《几回回梦里回延安》一文,他写道:

> 我不觉得一说苦难就是悲观。胆小的人走夜路,一般都喜欢唱高调。我也不觉得编派几件走运的故事就是乐观。生活中没有那么多走运的事,企望以走运来维持乐观,终归会靠不住。不如用背运来锤炼自己的信心。我总记得一个冬天的夜晚,下着雪,几个外乡来的吹手坐在窑前吹响着唢呐,也凄婉,也欢乐,祝福着窑里的一对新人,似乎是在告诉那对新人,世上有苦也有乐,有苦也要往前走,有乐就尽情地乐……雪花飞舞,火光跳跃,自打人类保留了火种,

寒冷就不再可怕。我总记得,那是生命的礼赞,那是生活。"

完全是哲思式的理解,他抒情的笔致里已透出了思想者的情趣。插队岁月如一个长长的梦,他好像已在这有限的经验里体味到了生命的全部。苍凉的西北、古朴的人群、凄清的命运……史铁生在感受民族苦难的同时,又捕捉到了人类共有的无奈。他似乎想于此将深切的哲思诗化地抽象出来。他后来越来越习惯于这样,当乡村的回忆已经枯竭,自我的历程一览无余后,便将目光全部集中于对命运的理性的冥想里。史铁生不是与生俱来就有玄学思维的人,他在哲学的表述上还十分笨拙,远未达到化境。但他的所有体味,均来自内心的角斗,那一串串闪光的句子是只有经历过炼狱的人才会喷吐而出的。身处困境的本身,使他拥有了内省的可能,一切司空见惯的生活细节在他那儿都获得了意义,由文学的幻想而走向哲学式的沉思,史铁生完成了精神的一次飞跃。

1990年创作的《我与地坛》,给他带来了广泛的声誉。这是迄今为止我读到的他的最精彩的作品。一切常人都无法在这平凡的故事里抽象出什么,一切都太简单了,没有任何奇迹与怪异,但深湛的哲思正是寓于平凡之中,他将一个深切的生命预言昭示给了世人,《我与地坛》是一曲生命的交响,那寂寥的底色下涌动的是汩汩热流,作者在一片荒芜的园子里感受到了时间,感受到了命运。我还很少读过如此寂寞而苍冷的文字,除了鲁迅、张承志的作品曾这样荒凉地展示过人性的苦涩外,中国的新文学,绝少这类形而上意味的孤独的咏叹。在这里,只有灵魂与上苍的交流,人间的一切喧嚷都沉寂了。史铁生以其岑寂的声色,将己身的苦难与人类的苦难汇于同一个调色板里,在静静的荒凉里,倾听着生命慢慢的流逝声,倾听着岁月在自己躯体上的划过。一个灵魂又一个灵魂隐去了,一个场景又一个场景消失了,但唯有那颗心,它的脉息,还弥散在空中,你可以在其间感受到它的余温。当自觉地意识到人为什么活着,或者活着的指向是些什么的时候,语言似乎已丧失意义。在喧哗消失的地方,心性才会浮出世间。《我与地坛》对生命的垂思已远远超越了理性大限,那个世界拒绝谎言,拒绝确切,一切都是流动的,像肖邦的夜曲,宁静中隐含着悠远的韵致,你会感受到生命的无常,欲望的无常,但只有意志——善良意志与自由意志却预示着永恒。《我与地坛》是一曲绝唱,任何典丽的附庸风雅之作都无法和它媲美。请看它的旋律是何等辉煌:

谁又能把这世界想个明白呢?世上的很多事是不堪说的。你可以抱怨上帝何以要降诸多苦难给这人间,你也可以为消灭种种苦难而奋斗,并为此享有崇高与骄傲,但只要你再多想一步你就会坠入深深的迷茫了:假如世界上没有了苦难,世界还能够存在么?要是没有愚钝,机智还有什么光荣呢?要是没了丑陋,漂亮又怎么维系自己的幸运?要是没有了恶劣和卑下,善良与高尚又将如何界定自己,又如何成为美德呢?要是没有了残疾,健全会否残疾,但可以相信,那时将由患病者代替残疾人去承担同样的苦难,如果能够把疾病也全数消灭,那么这份苦难又将由(比如说)相貌丑陋的人去承担了。就算我们连丑陋,连愚昧和卑鄙和一切我们所不喜欢的事物和行为,也都可以统统消灭掉,所有的人都一样健康、漂亮、聪慧、高尚,结果会怎样呢?怕是人间的剧目就全要收场了,一个失去差别的世界将是一潭死水,是一块没有感觉没有肥力的沙漠。

看来差别永远是要有的。看来就只好接受苦难——人类的全部剧目需要它,存在的本身需要它。看来上帝又一次对了。

于是就有一个最令人绝望的结论等在这里：由谁去充任那些苦难的角色？又有谁去体现这世间的幸福、骄傲和快乐？只好听凭偶然，是没有道理好讲的。

就命运而言，休论公道。

那么，一切不幸命运的救赎之路在哪里呢？

设若智慧或悟性可以引领我们去找到救赎之路，难道所有的人都能够获得这样的智慧和悟性吗？

我常以为是丑女造就了美人。我常以为是愚氓举出了智者。我常以为是懦夫补照了英雄。我常以为是众生度化了佛祖。

你难道没有听到一个哲人式的独白么？多么像大智者，又如同苦行的僧侣，在那以生命的光和热凝成的字句里，我感受到了人间最无奈而又最神圣的情感。多少学人的论著、名家的语录，均不及这孤寂者的独白。人间最富有魅力的文字，正是隐含在寂寞的存在中的。

三

于是，他纠缠上了哲学，像尾随在思辨哲学后的影子，游荡在天地之间。他的小说越来越晦涩，已失去了早期的明澈，史铁生好像厌倦了故事，厌倦了一切清晰的理性画图，而关注的却是冥冥中向人类闪动的那个预言。翻看 20 世纪 90 年代后的作品，神秘感、宿命感越来越重，那是只有哲学家才沉思的地方，而今，他据有了，他好似已不再关心读者对自己的态度，要不然不会将那么多难解的意象抛给别人。他被那个不可理喻的命运之神深深吸引，并试图在作品中解释这个存在。这个选择在他那儿是自然而然的，毫无伪饰。但它的冒险性也在其中显示了出来。史铁生为此也付出了艺术代价。

我阅读《钟声》《第一人称》《中篇1或短篇4》《〈务虚笔记〉备忘》等作品,为其宿命感而震动。小说在他笔下已哲理化了。现实中的种种生活正远离他而去,鲜活的人间气息也正在消失。他将人置于了一种梦幻般的世界里,像卡夫卡,也如艾略特,但又无他们那股汪洋恣肆的气魄。史铁生想从中寻找着一种属于自我的精神表达式,这个形态半是绝望,半是坦然,但其中绝无纯粹性与确切性。他被一种无奈和宿命笼罩,视角里满是暮色。《钟声》一再写教堂的神秘的影子,在那悠远的钟声里,好像向人间启示着上苍的隐秘。读这篇小说已没了激动,而是沉下去、沉下去,人间的恍惚、苦楚就那么流动着。《第一人称》很有些怪诞,文字中溢出的气息让人不知所云。但那画面与情感却已把人间的荒谬怆然地引出。在这里,不需要解释什么,乞讨什么,那份无法理喻的情感已将一切托出。人注定无法预知自己的未来,而人间角色的选择亦充满歧义。"顺其自然,顺其自然吧"。这声音正是无法读懂命运的唯一慰藉。西方非理性哲学曾向世人暗示过这一点,在萨特的文本中,虚无与荒谬其实正是他的哲学。史铁生从自我的苦命中好似也感受到了这一点,他不断诘问着操纵命运之神的第一因,但似乎又永远没有答案。在《中篇1或短篇4》里,作者叙述故事的方式完全偏离了传统,它已被寓言化或玄学化了。作者已消解了绝望与希望这类简单的命题,单值化的思维被多维的视角代替。这个时候,怨天尤人的史铁生已经不在了,沉郁悲慨的史铁生也消失了。叙述者好似成了上帝,在那里,正值与负值,真值与假值,善值与恶值,美值与丑值永恒地存在着。小说借着人物的对话这样描述着:

  T问:你是谁?
  那人说:有人说我是好人,也有人说我是坏蛋。
  C问:你从哪儿来?

那人说：有人说是从天堂，也有人说是从地狱。

C问：你有什么事吗？

那人：当然，无事可做我就不存在了。

C心里忽然有所觉，便把那个盒子拿给他看。

那人把盒子托在掌心，笑道：噢嗬，一个没有了烦恼的世界。

C：它到底出了什么毛病？盒子里的众生为什么都一动不动？

那人：他们全都成佛了，你还要他们做什么呢？

C：要他们行一切善事，要他们普度众生。

那人又笑一笑：所有的人都已成佛，这盒子里还有什么恶事呢？他们还去度谁呢？没有恶事，如何去行善事呢？

T：至少他们的大脑应该活动吧？

那人：你要他们想什么呢？无恶即无善，无丑即无美，无假即无真，没有了妄想也就没有了正念，他们还能想什么呢？

T：也许他们可以尽情欢乐？

那人：你这位老兄真是信口开河，无苦何从言乐？你们不是为他们建立了消除一切痛苦的程序么？

C心里已经完全明白了，问：那么，我们应该怎么办？

那人：再输入无量的差别和烦恼进去，拯救他们。同时输入无量智慧和觉悟进去，拯救他们。至少要找一个（比如像我这样的）坏人来，拯救这些好人。要找一个魔鬼来拯救圣者。懂了吗？

T：可是，哪怕只有一个人受苦，难道亿万人可以安乐吗？佛法说，要绝无例外地救度一切众生，不是吗？

那人：你们忘了佛祖的一句至关重要的话：烦恼即菩

提。普度众生乃佛祖的大慈,无路无极是为佛祖的大恶。

那人说罢,化一阵清风,不见了。

T：C,我们到底怎么办?

C：不知道。我只知道我们俩半斤对八两,不过是一对狂妄的大傻瓜。也许,唯有自然才是真正的完美。

这是典型的"乐观"的宿命。在茫然的人生之旅里,史铁生陷入了"不可知"式的苦恼里。虽然描述这一图式他是那样坦然,但文字间不免还留有怅惘。诘难的结果是不再诘难,追索之后是不必追索,天地间的一切都已设置,你无法改变自己的前定。而此刻,人间未来的召唤已丧失意义,人们只好停留在一种宿命的陷阱里。这是真实的史铁生么?如果这样,写作还有什么意义?存在还有什么意义?当你撕去了罩在人类躯体上的外衣后,难道没有聆听到另一种声音?对未知的东西只好沉默,折中的解释等于没有解释,当他以自然主义态度茫然地默许存在时,其实正在否定自我。史铁生的跋涉是痛苦的,当他爬上了人性的极限后,又退了下来,那个远方神异的召唤变得越发稀小。读到这里时,我真为作者捏了一把冷汗。

四

但他不会使你失于迷津。作者所有的文字都是真诚的。即使是那些过于晦涩的文字,亦闪现着一种纯情的精神审视。一方面是精神气质的单一性,另一方面是这持续的单一性所呈现的价值难题的多样性,这激发了他作品的内在张力。他的第一部长篇小说《务虚笔记》显示了这一特点。可以说,他目前的所有艺术技巧和精神沉思,都融化到了这部作品里。《务虚笔记》已完全哲理化和意象化了,它的深邃、驳杂、明暗不定,仿佛一个谜让人难以揣摩。史铁生拒绝了平庸读者与自己的接近,他完全走进了玄学的孤境里。《务虚笔记》思辨的句子和诗意的独语,模糊了艺术与哲学的限界,你已完全再也看不到传统小说的形态,人物形象也稀释于朦胧的理念里。流动在作品中的仅仅是印象、梦幻、呓语,精神飞升的无限可能,被其以精湛的笔再一次证明了。这不是一部史诗性的小说,也不是简单的精神自传。史铁生创造了一种属于自己的梦幻曲,一本关于人性,关于中国人心灵的沉思录。我在这里不仅体味到了史铁生式的悲怆,也感受到了我们民族的悲怆。多么悲天悯人的长叹呀,难测的命运、孤魂野魄、生离死别、无极之维……人类被无形的力量拴在巨大的网上,好像一切已经前定,一切又不可预知。作者写诗人、医生、导演、残疾人,实际是写苦难的人间。这里已没了故事,没了情节,一切都是情绪化的、幻想化的,那些精彩的独语,撼人的哲思,像风景一样向你扑来,让人喘不过气来;而有时,又岑寂得像月下的旷野,清冷中散出彻骨的寒意。拷问灵魂是痛苦的,史铁生没有一点闪烁其词。你在他的文字间,可以领略到悠长的苦涩,甚至可看到灵魂在流血。他的笔下常常是一些奇妙的句子,例如:

没有什么能证明爱情,爱情是孤独的证明。

人的本性倾向福音。
但人根本的处境是苦难,或者是残疾。

我是我的印象的一部分,而我的全部印象才是我。

存在就是运动,运动就有方向,方向就是欲望。

那无以计量的虚无结束于什么?结束于"我"。

> 我醒来,我睁开眼睛,虚无顷刻消散,我看见世界。
>
> 虚无从世界为我准备的那个网结上开始消散,世界从虚无由之消散的那个网结上开始拓展,拓展出我的盼望,或者随着我的盼望拓展……

这些感叹都不是故弄玄虚,他的自语充满了对那个神秘存在感知的渴望。他裹在混沌中,他想清晰,但实在让他朦胧。一个在绝境中挣扎过来的人,维系内心的正是一种渴望。《务虚笔记》有时让人不知所云,但却被同一个旋律支撑着。史铁生似乎听到一个声音在呼唤着自己,那是神性的闪光呢,还是心灵中的意志?他不仅看到了己身的苦难,更重要的是看到了自己同类的更深切的苦难,这使他的思考与自己的读者,在更深的层次上,有了相通的可能。但他却放弃了一切温和与优雅,放弃了逻辑与实证。唯一真实的只是幻觉,他将历史与人生,流泻到生命的意志里,主体性与先验性,实有性与虚幻性,可证性与不可测性,这些玄学的命题与其痛楚的感觉之河,搅到同一个程序里了。

对冥冥中那只上帝之手的感知,在史铁生那里完全是自然而然的。由对命运的感叹走向对存在的诘问,这是他生命的必然。小说家有时与哲学家在做着同样的工作,史铁生的小说已显示艺术与哲学沟通的可能。阅读他的文字必须耐心,当你的心与他的心共同浸沉到相似的沉默里时,才可以谛听到来自那个世界真实的声音。史铁生撕破了世俗价值解析人的尺度,他由怀疑开始,走向对神圣的不可确认的未来的体认之途。作者在神秘的漫步中感受到了时间,《务虚笔记》处处是时间空洞折射出的精神幻相。在《结束与开始》那一章节,很有一点"庄生晓梦迷蝴蝶"的意味,亦有一丝海德格尔式的寂寞感。史铁生的语言开始散发着"存在没有达到其本质的光亮那里"的虚无的叹息。这一点多么类似存在主义!但是,史铁生命定中注意的是另一种宿命,即人类的一切已在时光中被注定了:"不光是你,也不光是我。他们还是所有的人。在另外的地方和另外的时间,他们可以是任何人。因为所有的人都曾经是他们。因为所有的人,都曾经是一个男孩儿和一个女孩儿。"《务虚笔记》有着很深的思想张力,许多人性之谜都被其触及到了。对不可知的存有只能体味,逻辑判断已失去力量。这部作品是《我与地坛》的延伸,己身的哀乐被人类的哀乐所代替。我在这个世界里看到了无奈、抗争、坦然、迷惘等纷纭的意象,虽然某些佶屈聱牙的段落破坏了阅读的快活,但作者于无路可走中大胆蹚行的勇气,使此书变得非同寻常了。

史铁生所有的哲学都在这里。认识史铁生必须阅读《务虚笔记》,虽然它没有《我与地坛》那么完整和谐。海德格尔曾在《时间》诗中写道:

> 何其迢远?
> 唯当那钟点在往返摆动中,
> 你听:它逝去,已经逝去,
> 而又不再逝去。
> 白昼已晚,那钟点,
> 只是去向时间的苍白踪迹,
> 趋近有限,
> 从中脱颖而出。

我在史铁生的文字里感受到了这种时光的流动。当艺术敲开了理性的极限,走进混沌时,便走向了哲学。史铁生已与他的生命实在,相距得很远了,但却与精神的本质,有了亲昵的联系。

五

现在,可以对史铁生进行小结了:在我们俗人沉默的领地,史铁生的一切开始了。他停下脚步的对面,正是人们永远钟情的地方。倾听史铁生必须默然,躁动于红尘的不会与其相会。我在他的灵魂里与其说感到了一个残疾者的精神代偿,不如说看到人类对自身缺陷填补的渴求。史铁生的文字印证了这样的谶语:所有的欲望都是本然的,而本然的一切又是虚妄的。人无法离开虚妄,正像无法超越本然。人注定要在这个世界承受焦灼、忧虑、思念乃至死灭。史铁生以战栗的声音,诘问着一切无所有,诘问着"生命何为"这类内容。《务虚笔记》的一个章节曾经说:

  所有的写作之夜,雨雪风霜,我都在想:写作何用?
  写作,就是为了生命的重量不被轻轻抹去。让过去和未来沉沉地存在,肩上和心里感到它们的重量,甚至压迫,甚至刺痛。现在才能存在。现在才能往来于过去和未来,成为梦想。
  (F医生终有一天会发现,人比"机器人"所多的,唯有欲望。过去和未来无穷地相联、组合、演变……那就是梦想,就是人的独特,以及每一个人的独特。)
  …………
  什么才能使我们成为人?什么才能使我们的生命得以扩展?什么才能使我们独特?使我们不是一批中的一个,而是独特的一个,不可顶替的一个,因而是不可抹煞的一个?唯有欲望和梦想!
  欲望和梦想,把我们引领进一片虚幻、空白,和不确定的真实,一片自由的无限可能之域。
  看重我们的独特吧,看重它,感谢它,爱戴它乃至崇拜它吧。在"独特"不可能被"统一"接受的地方,在"独特"不甘就范之时,"独特"开辟出梦想之门。无数的可能之门,和无数的可能之路。"独特"走进这些门,走上这些门里的这些路。这些路可能永远互不再相交。可是倘其一旦相交,我们便走进爱情,唯其一旦相交我们才可能真正得到爱情。

是谁想出这种折磨的?

因而焦灼,忧虑,思念,祈祷,在黑夜里写作。从罪恶和"枪林弹雨",眺望自由平安。

眺望乐园。

乐园里阳光明媚。写作却是黑夜。如果你看我的书,一本名叫作"务虚笔记"的书,你也就走进了写作之夜。你谈论它,指责它,轻蔑它,嘲笑它,唾弃它……你都是在写作之夜,不能逃脱。因为,荒原上那些令你羡慕的美丽动物,它们从不走进这样的夜晚。

所有的挣扎、努力、绝望、渴求,都展示在这里。史铁生以其天才的笔触向世人预示了人的价值难题。以往人们对人的存在的简单的社会学解释在此苍然失色了,作者向我们预示了人本的困境给人类带来的一切。这一冥想使其文字获得了一种普遍的价值,也使文学的存在具有了另外一种可能。浅薄的意识形式之图在这里已经死去,史铁生让"尚未被思"的情感活了起来。人类已长眠的精神之流在这里涌动了,一切有着自由意志的人,都可以在他的声音里感受到一种亲昵和抚慰。史铁生以自己的孤独而获得了朋友,其作品也因此与流俗区别开来。我相信他已不再简单地隶属于文学史,在窥测我们这个时代人的精神河流时,他提供了一种价值可能。而未来的哲人或诗人,或许正是通过这类文人的著作,看到我们这一代的苦境。

这虽只是猜想,但是史铁生,对此当之无愧。

论史铁生的文学心魂与精神持念

李建军

> 伟大的艺术作品像风暴一般,涤荡我们的心灵,掀开感知之门,用巨大的改变力量,给我们的信念结构带来影响。我们试图记录伟大作品带来的冲击,重造自己受到震撼的信念居所。
> ——乔治·斯坦纳《托尔斯泰或陀思妥耶夫斯基》

文学常常产生于心灵孤独、忧伤、痛苦、绝望甚至愤怒的时刻,但它本质上是爱、信念和希望的结晶。没有对人类和世界的爱的态度,没有对生活的理想主义热情,就不会产生真正意义上的文学。一个冷漠的自我中心主义的作家,一个对人类和生活完全丧失爱意和信心的人,也许仍然会有发泄和写作的冲动,也有可能写出颇受市场欢迎的畅销书,但却很难写出真正伟大的作品。

在中国当代作家中,史铁生无疑是最具爱的情怀和能力的作家,也是最具理想主义精神的作家。面对他者和生活,他的内心充满深沉的忧悲情怀和博大的爱愿精神。他具有"匡正"现实生活和建构理想生活的文化自觉,试图通过写作积极地影响人们的"心魂"和内心生活,教会人们如何有尊严地面对苦难与死亡,如何积极地与世界和他人保持爱的关系。所以,他虽然多以自我的苦难体验为叙写内容,但却超越了个人经验的狭隘性,表达了对人类命运的深刻理解和深切关怀——就像他评价一部作品时所说的那样,通过对"不尽苦难的不尽发问","使人的心魂趋向神圣,使人对生命取了崭新的态度,使人崇尚慈爱的理想"①。

他像虔诚的"信者"那样探索宗教问题,又像睿智的哲人那样喜好思辨;他是一个清醒的现实主义者,敢于直面沉重、苦难的人生,又是一个纯粹的理想主义者,坚定、执着地探索精神生活向上前行的路径;他尊重"传统文学"的经验和成就,却又有突破小说叙事成规的先锋精神,敢于将长篇小说发展为结构复杂的"往事与随想"②;他是一个全面意义上的作家,既是小说家和散文作家,又是一个真正意义上的抒情诗人——在他那里,散文和小说的分野,纪实和虚构的边界,其实并不很分明,而他作品的成功之处,恰在于,散文里有小说的魅力,小说中有散文的自由,而朴实内敛、打动人心的抒情性,则是他几乎所有作品的共同特点。他将冷静与热情、尖锐与温和、严肃与幽默统一起来,显示出一种极为独特的文学气质和写作风格。

一

一个知识分子,他的文化气质和文化性格,他的思维方式和行为方式,多多少少总会受到时代风气和社会环境的影响。一个时代的精神如果是理性、健全的,是客观的和向上的,那么,知识分子就很容易受其影响,具有同样健康的性格和积极的精神状态;一个时代的精神如果恰好相反,是非理性、不健全的,是主观的和向下的,那么,知识分子就更有可能成为一个盲从的人,成为一个缺乏个性、独立精神和批判能力的人。在极为不利的条件下,只有那些特别优秀的知识分子,才能摆脱时代和环境对自己的消极影响,成为自己时代的清醒的分析师和冷静的批判者。

就精神生活的外部环境和时代条件来看,史铁生实在说不上幸运。他从小就生活在气氛紧张而缺乏理性的"斗争时代"。充满自信和豪情,是这个时代最明显的特点,只是,那自信里,更多的是盲目,那豪情里,更多的是冲动。这个时代的思维习惯,具有独断而教条的特点,而其行为模式,则具有极端和狭隘的性质;它把盲从当作美德,把仇恨当作力量。它鼓励、纵容人的攻击本能和好斗天性,试图将"运动"凝定为日常的生活状态,试图将"斗争"凝固为绝对的生活原则,而"打倒"和"砸烂"、"造反"和"推翻"、"摧毁"和"消灭"、"扫除"和"埋葬"、"深揭"和"狠批"、"口诛"和"笔伐"、"炮打"和"刀剐"、"火烧"和"油炸"、"痛斥"和"声讨"、"无畏"和"不怕"、"忠诚"和"捍卫"、"无情"和"勇敢"、"彻底"和"坚决"、"牺牲"和"献身"、"一定要"和"定能够"、"斗志昂扬"和"意气风发"、"不共戴天"和"誓不罢休",则是这个时代最流行的话语。这些话语体现着美国哲学家尼布尔所说的"硬的乌托邦主义"理念,即"他们宣称代表着完善的社会,因此他们觉得自己在道理上有理由使用任何诡诈或强暴的手段,来反对那些不赞成他们所自以为完善的人"[③]。深受时代情绪感染的年轻一代,因为相信这样的理念,并且按照它来行动,所以表现得傲慢而自负,冷酷而无情,完全不理解爱的意义,严重缺乏爱的能力。索尔仁尼琴笔下的英诺肯基,从母亲的笔记里读到这样一句话:"怜悯心——是善良灵魂的第一个冲动。"他因为怀疑而皱了皱眉头,因为,"他从学校里,从生活里受到的教育却是:对于怜悯别人的人以及对于被别人怜悯的人——这都是一种可耻的、屈辱的情感"[④]。像英诺肯基一样,在"斗争"时代和"运动"环境成长起来的一代人,几乎全都是把"怜悯"当作"可耻的、屈辱的情感"的人,直到现在,在那个时代成长起来的作家,仍然会在报纸上公开说:"怜悯是一个让人恶心的字眼。"

就是在这样一个患有多动症的混乱无序的时代,就是在这样一个无爱的甚至无缘无故地仇恨人和伤害人的时代,史铁生度过了人生历程中最关键的阶段。在惴惴然的恐惧中,他的童年时代结束了;在惘惘然的焦虑中,他的青春岁月蹉跎了。他在自传性很强的小说《奶奶的星星》中说:"海棠树的叶子落光了,没有星星。世界好像变了一个样子。每个人的童年都有一个严肃的结尾,大约都是突然面对了一个严峻的事实,再不能睡一宿觉就把它忘掉,事后你发现童年不复存在了。"⑤小说中,"我"最爱的奶奶,被当作"地主"赶出北京、送回农村老家去了;"我"为此松了一口气,因为,"那些天听说了好几起打死人的事了"⑥。正是因为这些"严峻的事实",清醒的反思开始了,灵魂的觉醒开始了:"不断地把人打倒,人倒不断地明白了许多事情。打人也是为革命,骂人也是为革命,光吃不干也是为革命,横行霸道、仗势欺人,乃至行凶放火也是为革命。只要说是为革命,干什么就都有理。理随即也就不值钱。"⑦"童年不复存在了",但精神上的成年阶段开始了——史铁生的思想成熟了,人格发展了。他克服了时代对自己的消极影响,超越了冷酷无情、颟顸自负的"斗争哲学",并一再引用马丁·路德·金的话提醒人们:"切莫用仇恨的苦酒来缓解渴望自由的干渴。"⑧在他的身上,你看不到一丝一毫"红卫兵"和"造反派"的凶暴和戾气;面对他人和世界,他的内心没有一星半点的恶意和敌意。他终其一生,都保持着理性而宽容的生活态度,都按照可靠的逻辑和基本的常识来思考和写作,从未被那些看似"悲壮"的狂热所迷惑,从未被那些看似"正义"的风潮所裹挟。所以,到了20世纪90年代,看到一些人像当年的"红卫兵"一样,血脉贲张地宣泄愤怒,盛气凌人地激扬文字,他终于忍不住了,终于坦率而尖锐地批评道:"现今,信徒们的火气似乎越来越大,狂傲风骨仿佛神圣的旗帜,谁若对其所思所行稍有疑虑或怠慢,轻则招致诅咒,重则引来追杀。这不免让人想起'红卫兵'时代的荒唐,大家颂扬和憧憬的是同一种幸福未来,却在实行的路途上相互憎恨乃至厮杀得'英雄'辈出,理想倒乘机飘离得更加遥远。很像两个孩子为一块蛋糕打架,从桌上打到桌下,打到屋外再打到街上,一只狗悄悄来过之后,理想的味道全变。"⑨史铁生所表现出的,无疑是一种更加健全的生活态度,是一种更加清醒的文学精神——他超越了时代的局限,成了一个能正确地思考、判断和写作的知识分子。

在人们已经习惯了痛苦和死亡的非常时代,史铁生克服了无痛感的麻木,依然保持着对别人的痛苦和死亡的敏感和同情,所以,他能在人们习焉不察的地方,发现生活的乖戾和荒谬,看见"暴力诗学"和"仇恨哲学"对人的荼毒和异化。在"文革"武斗最激烈的时候,"那个八月里死了很多人";"打死"和"打死了"在人们的嘴里,轻轻地就说出来了,仿佛他们谈论的不是人,而是别的微不足道的东西。但是,这种冷漠甚至冷酷的话语,却引起了史铁生的战栗和反思:"'打死了'这三个字像小学校里的读书声那样传来,曾让我心底一阵阵颤抖,十五岁的少年还说不清是为什么颤抖,但留下了永不磨灭的阴冷和恐怖。很多年以后,我才明白,是因为那三个字的结构未免太简单了,那三个字的发音未免太平淡了,那节奏未免太漫不经心了。……打死了,这三个字很简单,说得平平淡淡。多年以后,我习惯了每天早晨一边穿衣服一边听广播,我听见广播中常常出现这三个字,在越南和柬埔寨,在阿富汗,在拉丁美洲,在中东,在所有进行着战争的地方,广播员平平静静地报告说在那儿:'昨天,XX 游击队打死了 XX 政府军 XX 人。'或者:'前天夜间,XX 军队在于 XX 组织的一次交火中,打死了对方 XX 人。'听起来就像是说打死了多少只老鼠和打死了多少只苍蝇。"⑩在"战争状态"中和"斗争环境"里,这种轻松、随意的"死亡统计学",已经成为日常性的话语现象,很少有人将它当作一个问题来质疑。然而,史铁生的心,却被这些冷冰冰的数字刺痛了,于是,他便第一次将这种"死亡统计学"话语的可怕性质揭示了出来。他向人们揭示了这样一个严峻的问题:如果经常在广播等大众传媒里,轻轻松松地炫耀"毙敌""歼敌"几百、几千甚至几万、几十万的"战绩",那么,这种具有狂欢性质的话语表达,不仅会让有爱愿的人们感受到心灵的疼痛和战栗,而且,必将造成严重的道德后果——使人们在不知不觉中习惯残酷,失去对同类的最起码的爱意,从而最终导致敌意和仇恨的蔓延,造成人心的冷化和硬化。

史铁生的理想主义的超越精神,尤其体现在对后来的"镀金时代"的生存哲学的反思上。始于20世纪80年代末期的"转型时代",将"经济建设"当作生活的"中心",人们的兴趣和热情,因此被吸引到了对金钱的渴望和物质生活方面,进而逐渐形成一种"新的意识"和"后现代时尚",其特点,就像利文斯顿所指出的那样:"一是多元主义和相对主义的感觉,这种感觉基本上是非意识形态的和实用主义的;二是相当浪漫的享乐主义。"⑪当代文学显然极大地受到了新的社会时尚的影响。许多作品推波助澜,将"实用主义"合理化,将"享乐主义"浪漫化。然而,在史铁生的笔下,你看不到普遍存在的"后现代时尚",诸如模棱两可的相对主义、缺乏理想的虚无主义、缺乏热情的混世主义、唯利是图的拜物教倾向等等。他对一切下行和后退的生活理念,对一切降低人类的尊严和道德水准的主张,都非常警惕。例如,"生命的唯一要求是活着",是一句似乎很深刻的话,也是某些先锋作家挂在嘴上的"流口常谈"。但是,史铁生想了好久之后,却"怎么也不能同意"。在他看来,"当生命二字指示为人的时候,要求就多了,岂止活着就够?说理想、追求都是身外之物——这个身,必只是生理之身,当生理之身是不写作的,没有理想和追求,也看不出何为身外之物。一旦看出身外与身内,生命就不单单是活着了。……而爱作为理想,本来就不止于现实,甚至具有反抗现实的意味,正如诗,有诗人说过:'诗是对生活的匡正。'"⑫史铁生具有"匡正"生活的自觉意识和使命感。他无法认同那种过于实际的生活态度。仅仅满足于吃喝拉撒睡的动物主义生活方式,在他看来,还只是"生理之身"的生活。所以,他反复强调理想的意义和爱的价值。对我们这个时代来讲,史铁生的写作和思想的意义,就突出地体现在这一点上——始终为理想和信仰的价值辩护,始终站在理想主义的高度,来思考和探索苦难、生死、爱愿和拯救等重要的问题。

二

人类所有的文化成就,都决定于一种被许多思想家称为"主动性"的力量。如果人们屈从于压抑性的制约力量,如果人们不能摆脱思维和行动上的被动性,那么,我们便无法创造出任何有价值的文化。所以,弗洛姆才在研究了亚里士多德、斯宾诺莎、歌德和马克思等人对"主动"和"被动"所做的"古典定义"之后,这样界定了"主动"的性质和作用:"主动被理解为那种能够将人们内在力量带动,并表现出来的东西,有助于新生,给我们的身体感情以生命,并给予我们以知识和艺术的力量。"[13]对于文学写作来讲,这种充满自觉意识和自由精神的"主动性",无疑有着更为重要的意义。

在很长的时期里,中国当代作家的写作,就处于一种缺乏活力和首创精神的被动状态。许多作家,就像弗洛姆所说的失去自我的人那样,"他并不可能感觉到自己的强大,他是胆小怕事的、受约束的",于是,他们便选择了一个对象,"并向这个对象倾注了自己全部人的特性:他的爱,他的智慧和勇气等等"[14]。这就造成了他们的心灵和思想的"异化",结果,"人只得依赖于自己的偶像,而不能放弃对这些偶像的崇拜。人成了偶像的奴隶,连人的脑子里也都装满了这些偶像"[15]。

但是,史铁生的写作,几乎从一开始就属于自觉的主动的写作。这种积极的主动性,首先体现在他对主宰性的写作理念和规约模式的超越。他没有"偶像"意识。他不相信也不崇拜任何庸俗意义上的

"神",所以,对"自吹自擂好说瞎话,声称万能,其实扯淡"的"第一种神",他没有好感,对"喜欢恶作剧,玩弄偶然性,让人找不着北"的"第二种神"⑯,他同样深恶痛绝。他怀疑那种把"立场"当作一切的冷冰冰的写作模式,认为"立场和观点绝然不同,观点是个人思想的自由,立场则是集体对思想的强制"⑰;他强调"态度"的意义:"美,其实就是人对世界、对生命的一种态度。……感动我们的其实是发现者的态度,其实是再发现时我们所持的态度。"⑱在写作上,他所选择的态度,忠实于自己的"记忆"和"印象",忠实于个人的真实经验和真实思想;他把诚实地表达真实经验的文学,当作矫正被"简化"的"历史"的可靠手段。他向自己提出了这样一个问题:"文学所追求的真实是什么?"他认真思考之后的结论是:"历史难免是一部御制经典,文学要弥补它,所以,它看重的是那些心魂。历史惯以时间为序,勾画空间中的真实,艺术不满足于这样的简化,所以去看这人间戏剧深处的复杂,在被普遍所遗漏的地方去询问独具的心流。"⑲

史铁生拒绝一切由他者预设的主题,拒绝一切由别人设计出来的教条的写作方式。他发现了"不现实"其实是一种"好品质":"比如艺术,我想应该是脱离实际的。模仿实际不会有好艺术,好的艺术都难免是实际之外的追寻。"⑳他看到了"深入生活"在逻辑上的漏洞,所以,提出了"深入思考生活"的观点,强调艺术对生活的内在真相的发现和揭示:"说艺术源于生活,或者说文学也是生活,甚至说它们不要凌驾于生活之上,这些话都不宜挑剔到近于浪费。……艺术或文学,不要做成生活(哪怕是苦难生活)的侍从或帮腔,要像侦探,从任何流畅的秩序里听见磕磕绊绊的声音,在任何熟悉的地方看见陌生。"㉑他反复强调"心魂"的意义,因为,在他看来,写作的成败最终决定于内在的"心魂",而不是外在的"生活"。

他还清醒地发现了这样一个严重的问题,那就是,如果过度地强调"艺术"对"生活"和"实际"的依赖,就会使"心魂萎缩",会消解"对实际生活的怀疑",甚至会限制写作的"自由":"粉饰生活的行为,倒更会推崇实际,拒斥心魂。因为,心魂才是自由的起点和凭证,是对不自由的洞察与抗议,它当然对粉饰不利。所以要强调艺术的不能与现实同流。艺术,乃'于无声处'之'惊雷',是实际之外的崭新发生。"[22]我认为,这段话,对于理解史铁生的文学思想来讲,具有至关重要的意义。因为,它包含着深刻的真理性内容:文学就是在"心魂"的不那么讲"实际"的自由活动中,通过洞察生活的真相,发出抗议的声音,从而有效地"匡正"生活。难怪史铁生要强调文学的"务虚"性,难怪他要把自己的第一部长篇小说命名为《务虚笔记》,也难怪他在《务虚笔记》里这样回答"写作何用"的问题:"写作,就是为了生命的重量不被轻轻抹去。让过去和未来沉沉地存在,肩上和心里感觉到它们的质量,甚至压迫,甚至刺痛。现在才能存在。现在才能往来于过去和未来,成为梦想。"[23]正是因为有了这样的自觉,正是因为摆脱了以"生活"名义禁锢生活的教条,他的写作才成了一种解放了的、真正自由的写作,成为一种与人的"心魂"和"心流"相关的写作。他的写作从最初开始,便围绕自己的经验,尤其是自己的主观情绪和主观印象展开。

然而,史铁生的非凡之处,不仅表现在他对僵硬的文学观念和写作模式的自觉超越上,不仅表现在他对写作自由的深刻理解上,而且还表现在他对文学与宗教关系的独到见解上,尤其表现在他对爱愿情感的深刻体验和完美叙写上。

文学与宗教都是与人的困境和拯救密切相关的精神现象。如果文学仅仅局限于此岸,仅仅停留在生活的外部表象上,而缺乏理想主义的视野,缺乏宗教和神性的照临,那它就很难抵达精神的高度和思想的深度。同时,文学也是作家向世界和读者显示自己的生活态度和情感态度的方式,所以,如果作者仅仅满足于追求自然主义的"真实效果"和唯美主义的"艺术效果",而缺乏一种真诚的人文情怀和神圣的宗教精神,缺乏对人类的爱意和悲悯,那他的作品就很难感动读者,很难对读者的心灵生活产生普遍而持久的影响。那些有理想、有信仰、有神性视野的作家,相信善的价值,同情人类的不幸和苦难,亹亹不倦地探索生与死、绝望与希望、自由与尊严、罪恶与惩罚、毁灭与拯救、此岸与彼岸等重要的问题。他们的写作因此就是爱的写作,就是救赎性的写作,就是诗性的写作。

史铁生无疑属于那种既有此岸的人文理想,又有彼岸的宗教情怀的作家。他站在现实的人文主义的立场,强调对人的人格尊严和基本权利的保护,但他也强调用神性来"监督"人性,强调人性对神性的依赖:"神即现世的监督,即神性对人性的监督,神又是来世的,是神性对人性的召唤。这一个监督和一个召唤,则保证着现世的美好,和引导着希望的永在,人于生于死才更有趣些。"[24]像许多伟大的作家一样,他对文学艺术与宗教的共生关系,也深信不疑:"我一直这么看:好的宗教必进入艺术境界,好的艺术必源于宗教精神。"[25]他说自己写作的理由,就是"为了不至于自杀",而他对"纯文学"的理解和界定,则显然具有宗教学和人类学的视野:"纯文学是面对着人本的困境。譬如对死亡的默想、对生命的沉思,譬如人的欲望和人实现欲望的能力之间的永恒差距,譬如宇宙终归要毁灭,那么人的挣扎奋斗意义何在等等,这些都是与生俱来的问题,不因社会制度的异同而有无。因此,它是超越着制度和阶级,在探索一条全人类的路。"[26]在这里,你看不到对"形式"和"技巧"的唯美主义迷恋,看不到对自我经验的自恋而过度的渲染;因为内蕴着普遍同情与终极关怀的文学精神和宗教情怀,所以,史铁生的文学理念,显然已经不是一般意义上的"纯文学"观,而是具有宗教持念和宗教情怀的文学思想。

如果说,有的时候,关于"宗教—文学"问题,他的表达还不够直接和明确,那么,他在1995年6月10日写给DL的信中,关于"宗教—文学"的"持念",就表达得非常显豁了:"灵魂用不着我们创造,那是上帝的创造,我们的创造是接近那片东西,也可以说就是接近上帝。尤其当我们发现这接近是永无止境的距离时,真正的写作才可能发生。"㉗这显然是一种谦卑的写作,它承认自己的"创造"的有限性,所以,它从不狂妄自大,从不把自己的写作当作任性的不受约束的行为,而是将它当作怀着虔诚之心接近上帝的精神之旅。

三

对人生苦难的敏感和同情,是史铁生文学写作的情感基调;如何面对和超越苦难,则是他反复探索的主题。这一情调和主题,贯穿在他的几乎所有重要的作品里,尤其反映在他才华横溢的绽放期(1982—1990)和硕果累累的成熟期(1990—2010)的代表性作品里,例如《我与地坛》、长篇随笔《病隙碎笔》、两部长篇小说《务虚笔记》《我的丁一之旅》,以及大量其他样式的散文、随笔和小说里。

人生而渴念幸福,却无往不在苦难之中。苦难是人生的底色。众生皆苦,这是佛教的基本理念;人来世间就是"受苦"的,这是陕北人的理解。陕北人甚至干脆就把底层的劳动者称作"受苦人"。在陕北"插队"期间,尤其是在后来被病苦折磨的日子里,史铁生体验到了"受苦"的滋味,也看到了"苦难"的真面目。他最终明白了这样一个道理,人不可能"征服"所有的苦难,也别想一劳永逸地战胜苦难:"'人定胜天'是一句言过其实的鼓励,'人被抛到这个世界上来的'才是实情。生而为人,终难免苦弱无助,你便是多么英勇无敌,多么厚学博闻,多么风流倜傥,世界还是要以其巨大的神秘置你于无知无能的地位。"㉘所以,任何人都不要试图扮演救世主;人所能做的,就是既不"逃避苦难",也不"放弃希望"。

像一切有信仰的人一样,史铁生不仅把苦难看作人的一种普遍境遇,而且倾向于积极地看待它。在他看来,苦难乃是人类与生俱来的"宿命"。他在给友人李健鸣的一封信中说:"我越来越相信,人生是苦海,是惩罚,是原罪。对惩罚之地的最恰当的态度,是把它看成锤炼之地。"[29]又在另一封信中说:"无缘无故地受苦,才是人的根本处境"[30]。但是,人类无须抱怨,更不必畏惧。因为,苦难就是生活的本质,正是因为有了苦难,人类的生活才有了向上的动力,人才能真正认识自己,认识自己的有限性和无限性。乌纳穆诺说:"受苦是生命的实体,也是人格的根源,因为唯有受苦才能使我们成为真正的人。"[31]所以,在他看来,"一个人越是领有受苦或是接受苦痛的能力,他就越具有人——也就是神性——的质性"[32]。关于苦难,史铁生有着与乌纳穆诺几乎完全相同的看法。在《我与地坛》里,他这样表达了对苦难的本质与意义的理解:"你可以抱怨上帝何以要降诸多苦难给这人间,你也可以为消灭种种苦难而奋斗,并为此享有崇高与骄傲,但只要你再多想一步你就会坠入深深的迷茫了:假如世界上没有了苦难,世界还能够存在么?要是没有愚钝,机智还有什么光荣呢?要是没了丑陋,漂亮又怎么维系自己的幸运?要是没有了恶劣和卑下,善良与高尚又将如何界定自己又如何成为美德呢?要是没有了残疾,健全会否因其司空见惯而变得腻烦和乏味呢?我常梦想着在人间彻底消灭残疾,但可以相信,那时将由患病者代替残疾人去承担同样的苦难。如果能够把疾病也全数消灭,那么这份苦难又将由(比如说)像貌丑陋的人去承担了。就算我们连丑陋,连愚昧和卑鄙和一切我们所不喜欢的事物和行为,也都可以统统消灭掉,所有的人都一样健康、漂亮、聪慧、高尚,结果会怎样呢?怕是人间的剧目就全要收场了,一个失去差别的世界将是一条死水,是一块没有感觉没有肥力的沙漠。"[33]这里,史铁生揭示了一个关于苦难的深刻的辩证法:没有苦难,就没有幸福,苦难是为了证明爱和幸福而存在的。史铁生显然切切实实地感受并认识到了这个辩证法的真理性,所以,他才在《足球内外》中这样强调:"看来苦难并不完全是坏东西。爱,并不大可能在福乐的竞争中牢固,只可能在苦难的基础上生长。当然应该庆幸那苦难时光的短暂,但是否可以使那苦难中的情怀长久呢?"他接着说道:"长久地听见那苦难(它确实没有走远),长久地听见那苦难中的情怀,长久地以此来维护激情也维护爱意,我自己以为这就是宗教精神的本意。"[34]在《说死说活》中,他同样强调了"幸福"与"苦难"的依存关系:"没有痛苦和磨难你就不能强烈地感受到幸福,对了。那只是舒适和平庸,不是好运不是幸福,这下对了。"[35]

一切就这样无可改变地决定了。苦难将成为无法逃避的境遇。那么,如何才能最终超越苦难呢?人们该靠着什么拯救自己呢?

没有谁可以单凭一己之力战胜苦难。对抗苦难是人类的群体性的伟大行动。我们必须依赖他者。我们不能只为了自己而对抗苦难——如果没有对他者的关注和关怀,没有对于他者的同情和付出,那么,我们就仍然是苦难的卑微的奴隶。这就是说,一个人仅仅接受苦难,仅仅凭着自己的意志力来对付苦难,是不够的,甚至最终还是要失败的。战胜苦难最伟大的力量是爱,是对他者和世界的爱。弗洛姆从马克思的《1844 年经济学-哲学手稿》中也发现了同样的真理:"人与人之间的关系也只有在爱的行为中才成为人的关系"[36]。

我与你,你与他,他与我,休戚与共,利害攸关。人类必须彼此依赖才能生存,这是一个最基本的真理。"陀思妥耶夫斯基说:'我不能没有别人,不能成为没有别人的自我。我应在他人身上找到自我,在我身上发现别人。'巴赫金说:'我能够表达意义,但只是非直接的,通过与人应答往来产生意义。'"史铁生在引了这两段话之后,接着说道:"我想,每个人都是生存在与别人的关系之中,世界由这关系构成,意义呢,藉此关系显现。"[37]史铁生听到了真理的声音,也接受了朴素的真理;而他的表达,具有更强的概括性,也深化了两位俄罗斯哲人的思想。在写于 1994 年 5 月 24 日的《无答之问或无果之行》中,史铁生说过这样一段话,彻底否定了人可以"孤立"地自我拯救的任何可能性:"还有一种意见,认为:说到底人只可拯救自己,不能拯救他人,因而爱的问题可以取消。我很相信'说到底人只可拯救自己',但怎样拯救自己呢?人不可能孤立地拯救自己,和,把自己拯救到一个与世隔绝的地方去。世上如果只有一个人,或者只有一个生命,拯救也就大可不必。拯救,恰是在万物众生的缘缘相系之中才能成立。或者说,福乐逍遥可以独享,拯救则从来是对众生(或曰人类)苦乐福患的关注。孤立一人的随生随灭,细细想去,原不可能有生命意义的提出。因而爱的问题取消,也就是拯救的取消。"㊳在人们的生存越来越原子化、越来越个人主义的时代,史铁生所揭示的真理,闪烁着照亮人心的灿烂光芒,具有指点迷津的启蒙作用。

超越了利己主义狭隘性的爱愿和利他精神,甚至在史铁生早期的小说中,就已成为一个重要的潜性主题。《我的遥远的清平湾》之所以打动了那么多读者的心,之所以今天读来仍然让人感动不已,就在于它的内里,包含着作者对陕北"受苦人"的博大的爱意和慈悲,就在于它抒情性地赞美了人与人之间、生命与生命之间互助的关系和互爱的精神。

史铁生同情陕北人生存的艰辛,同情他们泡在汗水和苦水里的生活。他不是用单数人称的"我",而是用复数人称的"我们"来叙述陕北人的苦难生活——这使他的叙事既让人心情凄然和沉重,又使人觉得亲切和温暖:"我们那地方突出的特点是穷,穷山穷水,'好光景'永远是'受苦人'的一种盼望。天快黑的时候,进山寻野菜的孩子们也都回村了,大的拉着小的,小的扯着更小的,每人的臂弯里都攥着个小篮儿,装的苦菜、苋菜或者小蒜、蘑菇……孩子们跟在牛群后面,'叽叽嘎嘎'地吵,争抢着把牛粪撮回窑里去。越是穷地方,农活也越重。春天播种;夏天收麦;秋天玉米、高粱、谷子都熟了,更忙;冬天打坝、修梯田,总不得闲。单说春种吧,往山上送粪全靠人挑。一担粪六七十斤,一早上就得送四五趟,挣两个工分,合六分钱。在北京,才够买两根冰棍儿的。那地方当然没有冰棍儿,在山上干活渴急了,什么水都喝。"㊴字里行间,无所不在地流露着对"受苦人"的同情和悲悯。这是一种比简单地显示"立场"更自然、更真实的文学态度。

史铁生的"缘缘相系"的情感,甚至表现在对动物尤其是对牛的态度上:"陕北的牛也是苦,有时候看着它们累得草也不想吃,'呼哧呼哧'喘粗气,身子都跟着晃,我真害怕它们趴架。尤其是当年那些牛争抢着去舔地上渗出的盐碱的时候,真觉得造物主太不公平。我几次想给它们买些盐,但自己嘴又馋,家里寄来的钱都买鸡蛋吃了。"㊵屠格涅夫曾对托尔斯泰的中篇小说《霍斯托密尔》赞叹不已,认为托尔斯泰前世一定是一匹马,否则不可能如此细腻真实地写出马的心思和情感。事实上,史铁生写牛也写得同样好。史铁生说:"在山里,有那些牛做伴,即便剩我一个人也并不寂寞。我半天半天地看着那些牛,它们的一举一动都意味着什么,我全懂。"㊶他从母牛的叫声和无心吃草的样子里,看到了它对小牛犊的母爱,看到了母牛目光里的"温柔、慈爱",看到了它"满足、平静"的神态。有趣的是,路遥和史铁生都很喜欢牛,只不过路遥喜欢的,是牛的勤劳和坚韧,而史铁生喜欢的,则是牛的宽厚和仁慈。

如果说,人与人之间痛痒相关,只有通过建构爱的关系,才能战胜和超越苦难,那么,动物之间也离不开这样的爱的法则。《我的遥远的清平湾》里的老黑牛,就像有德之人一样有爱心,有责任感,有牺牲精神:"据说,有一年除夕夜里,家家都在窑里喝米酒、吃油馍,破老汉忽然听见牛叫、狼嗥。他想起了一头出生不久的牛不老,赶紧跑到牛棚。好家伙,就见这黑牛把一只狼顶在墙旮旯里,黑牛的脸被狼抓得流着血,但它一动不动,把犄角牢牢地插进了狼的肚子。"然而,老黑牛的利他精神,还有更加日常亲切、感人至深的表现呢:"我至今还记得这么件事:有天夜里,我几次起来给牛添草,都发现老黑牛站着,不卧下。别的牛都累得早早地卧下睡了,只有它喘着粗气,站着。我以为它病了。走进牛棚,摸摸它的耳朵,这才发现,在它肚皮底下卧着一只牛不老。小牛犊正睡得香,响着均匀的鼾声。牛棚很窄,各有各的'床位',如果老黑牛卧下,就会把小牛犊压坏。我把小牛犊赶开(它睡的是'自由床位'),老黑牛'扑通'一声卧倒了。它看着我,我看着它。它一定是感激我了,它不知道谁应该感激它。"㊷这里包含着伟大的启示:就连牛这样的动物,似乎也懂得战胜苦难的秘密,似乎也明白忍耐、吃苦和牺牲,对于自己和他者的意义,似乎也明白,只有"缘缘相系"的慈悲,才能给苦难的生命带来安详和幸福。

四

　　苦难吁求着爱,也点燃着爱。乌纳穆诺说:"爱即是悲悯(to love is to pity);如果肉体因悦乐而结合,那么灵魂将因痛苦而结合。"㊸苦难激活了灵魂深处的爱和悲悯。没有爱的安慰和悲悯的支持,人类将很难最终超越苦难。在无爱的世界里,人类通常要体验更强烈的孤独感和无助感,要承受更多的痛苦和绝望,直至最终被苦难彻底压垮。所以,正像苦难是史铁生覃思深虑的问题一样,爱则是他的文学写作的母题,是他谈论最多的一个话题。他的许多散文,不用说,都是表达爱的情感和思想的,而他的包括两部长篇小说在内的许多小说作品,也同样把"爱"作为叙事的内容和主题。在中国作家中,像他这样叙述"爱"和谈论"爱"的,几乎绝无仅有。我们的作家羞于把文学与爱和怜悯联系起来,因为,这显得实在太不时髦、太不先锋了。我们倾向于把文学当作一种"纯"的东西,当作与"爱"以及"怜悯"无关的现象。

　　然而,爱和爱愿,却是史铁生时时谈及的具有灵魂意义的话题,是他展开叙事的稳定的精神基础。他区别了"虚误"和"务虚"的不同:前者的典型是"连年的文打武斗",后者则是对"爱的追寻"和对意义的追问。他说:"在'俗人'成为雅号的时刻,倒是值得冒被挖苦的风险,作一回'雅士'的勾当。"⑭他所说的"'雅士'的勾当",就是勇敢地强调理想和爱的价值和意义。在一个缺乏宗教传统和爱的习惯的文化环境里,在一个倾向于将写作的焦点集中在技巧形式和身体欲望的叙事语境里,他的这种清醒而执着的伦理精神,就显得特别难能可贵。

汤因比说:"我相信圣灵和道是爱的同义语。我相信爱是超越的存在,而且如果生物圈和人类居住者灭绝了,爱仍然存在并起作用。"⑮在英国的莎士比亚研究专家海伦·加德纳看来,爱是莎士比亚戏剧中"占有特殊的核心地位的东西":"莎士比亚把'仁慈、怜悯、和平和爱'当作'人性的真实写照'在戏剧中加以渲染,由此而产生的美感不断涌现,且一点也不牵强附会和矫揉造作,而在短暂的时刻和精炼的语言里自然而本能地表现出来。"⑯对于爱,史铁生也有着同样的态度和认识。在他看来,文学就是"灵魂的事"。深邃而博大的"灵魂"不同于宽泛意义上的"精神"。它是一种更内在、更纯粹的精神现象;它与神性是相通的:"神,乃有限此岸向着无限彼岸的眺望,乃相对价值向着绝对之善的投奔,乃孤苦的个人对广博之爱的渴盼与祈祷。"⑰而灵魂的本质则是爱愿。

史铁生对于爱的情感的思考,是极其深刻的。在他的理解中,"爱"不是一种简单的情感,而是一种充满信仰色彩的愿望和行动。为了表达自己对"爱"的独特理解,他把"爱"由单音字扩展为双音词"爱愿"。在史铁生的阐释中,爱愿就是仁爱,就是接近怜惜和慈爱的一种情感——它"一向是包含了怜爱的,正如苦弱的上帝之于苦弱的人间"。紧接着,史铁生还揭示了爱愿与性爱的本质区别,它不仅不同于性爱,而且高于性爱:"在荷尔蒙的激励下,昆虫也有昂扬的行动;这类行动,只是被动地服从优胜劣汰的法则,最多是肉身短暂的娱乐。而怜爱,则是通向仁爱和博爱的起点啊。"⑱史铁生曾经讲过一个小号手的故事。年轻的号手从战场归来,却听到家乡流传着他早已阵亡的消息,而他的未婚妻也已做了别人的新娘。小号手痛苦已极,便重又离开故乡,踏上了独自流浪的旅途。孤独的时候,他就吹响小号,排遣自己内心的忧伤。后来,一个国王听到了他的号声,得知了他的遭遇,就召集全国的人来听他讲述自己的故事。人们耐心地听他的故事,听他那哀伤的号声,日复一日,就这样,有一天,小号手不再悲伤了,他的号声也变得嘹亮、有力量了。史铁生从这个故事中发现了爱愿的力量,认识到了"爱的重要"。他说:"困境不可能没有,最终能抵挡它的是人间的爱愿。……人生的困境不可能全数消灭,这样的认识才算得上勇敢,这勇敢才使人有了一种智慧,即不再寄希望于命运的全面优待,而是倚重了人间的爱愿。爱愿,并不只是物质的捐赠,重要的是心灵的相互沟通、了解,相互精神的支持、信任,一同探讨我们的问题。"显然,爱愿不是简单和狭隘意义上的精神现象:它不是"爱欲"(Eros),更不是"性力"(Libido),甚至不是寻常意义上的"爱"(Love);它是一种更宽阔、更宏博、更深沉的爱,似乎只是能以一个组合词的形式来表达(例如 Love-will)。对"爱愿"意义的阐释和强调,无疑是史铁生对中国文学伦理精神建构的重大贡献。

一个人,如果他认为自己能主宰一切,而不承认自己生命的"偶然性和依赖性",而意识不到"自己生存之有限和被决定的性质",那么,他就将始终生活在征服别人的冲动中,就将始终生活在无尽的恐惧中,就将"力图把自己弄成上帝"[⑬]。他不可能理解爱,因为,爱产生于对"偶然性和依赖性"的意识,产生于对自我的"有限性"和"被决定性质"的认识。作为一种温柔而伟大的情感,爱与强迫和征服毫不相干。"爱包含着屈服",真正的爱就是一种"非凡的屈服"。在《我的丁一之旅》中,史铁生揭示了"爱"的这样一种伟大的品质,那就是它的"软弱性"与"屈服性"。爱是表现着"忧哀与盼念"的"夜的戏剧",它的屈服是有明确的方向和绝对的原则的:"不是屈服于白昼,不是屈服于征服。是屈服于黑夜的召唤,屈服于无限的远方与近前的残缺,因而是屈服于软弱,屈服于向爱并且能爱的心魂……"[50]长期以来,我们完全不理解爱的本质。我们常常把征服当作荣耀,把战胜和消灭他者当作巨大的成就。那种"战无不胜"的征服一切的自大,像里奥帕第所说的"臭气冲天的傲慢"(stinking pride)[51]一样,是"能力之贼"(thief of energies),是"虚弱的强者"[52],所以,它只能造成精神的"硬化",只能造成"仇恨"的合法化和普遍化,只能使人们离爱越来越远,从而,只能最终将世界搅成一个"周天寒彻"的无爱的世界,就像史铁生在答《南方周末》记者问时所说的那样:"以往的压迫、歧视、屈辱所造成的最大危害就是怨恨的蔓延,这是残疾情结的蓄积,蓄积到湮灭理性,看异己者全是敌人。"[53]正是在这样的精神危急的背景上,显示出了呼唤"爱的心魂"的重要性,显示出了"非凡的屈服"的思想价值,也凸显出了史铁生的爱的思想,对于克服无爱的"征服"意识和庸俗的"胜利"想象的现实意义——长期以来,我们过度地、不切实际地强调了"征服"的意义,从而在人们的心中培养起一种好斗成性的心理定式和行为方式,造成了人与人之间紧张的缺乏爱和宽容的关系模式和交往方式。

那么,残疾与爱又是什么关系?残疾仅仅只是残疾人的一种境遇吗?或者,仅仅是一种身体上的残缺和限制吗?人类的精神是否也存在残疾的问题呢?残疾与爱之间是不是存在着一种发生学意义上的关系?

关于这些问题,史铁生的回答,极为独特,极有深度,包含着丰富的哲学意味和深刻的情感内容。史铁生认为,残疾是人类的普遍处境;人类生而"残疾",因而需要爱。他说:"残疾,并非残疾人所独有……残疾并不仅仅限于肢体或器官,更由于心灵的压迫和损伤,譬如歧视。歧视也并不限于对残疾人,歧视到处都有。歧视的原因,在于人偏离了上帝之爱的价值,而一味地以人的社会功能去衡量,于是善恶之树上的果实使人与人的差别醒目起来。荣耀与羞辱之下,心灵始而防范,继而疏离,终而孤单。……真正的进步,终归难以用生产率衡量,而非要以爱对残疾的救赎来评价不可。……也许,上帝正是要以残疾的人来强调人的残疾,强调人的迷途和危境,强调爱的必须与神圣。"㊾显然,残疾就是一种包含着"神示"的"隐喻",其中含藏着与人类的命运及救赎之路有关的信息。

在史铁生的理解里,真正意义上的爱,只能是一种超功利的情感。它是一种善的愿望和行为,是一个指向"彼岸"的"永动的过程":"爱只是自己的心愿,是自己灵魂的拯救之路。因而爱不要求(名、利、情的)酬报;不要求酬报的爱,才可能不通向统治他人和捆绑自己的'地狱'。地藏菩萨的大愿(即'地狱不空,誓不成佛'——李注),大约就可以归结为这样的爱,至少是始于这样的爱。"㊿因此,爱必须具有理想主义的甚至宗教的性质,否则,爱就会变得很脆弱,就很难成为一种持久的超越性的力量。1998 年 12 月 11 日,他在给李健鸣的信中说:"我还相信,爱情,从根本上说是一种理想(梦想、心愿),并不要求它必须是现实。"㊿但是,"中国人现在少说理想,多说装修,少说爱情,多言性。……理想的本质,注定它或者在现实的前面奔跑,或者在现实的上空飘动,绝难把它捉来放在床上"㊿ 1999 年 2 月 18 日,他在给李健鸣的信中,谈到了爱与宗教精神的关系:"宗教精神(未必是某一种特定的宗教——有些宗教已经被敌视与歧视搞糟了)的根本,正是爱的理想。"㊿他对人们普遍沦为"经济动物"的现实,忧心烈烈,在他看来,只有"爱的理想"能拯救我们:"爱是一种理想或梦想,不仅仅是一种实际,这样,当爱的实际并不美满之时,喜欢实际的中国人才不至于全面地倒向实际,而放弃飘缭于心魂的爱的梦想。"㊿所以,正像他在《无答之问或无果之行》所说的那样:"当然'爱'也是一个动词,处于永动之中,永远都在理想的位置,不可能有彻底圆满的一天。爱,永远是一种召唤,是一个问题。爱,是立于此岸的精神彼岸,从来不是以完成的状态消解此岸,而是以问题的方式驾临此岸。爱的问题存在与否,对于一个人、一个族、一个类,都是生死攸关,尤其是精神之生死的攸关。"[60]在《好运设计》里,史铁生"设计"了理想的母亲。她几乎就是爱的化身。她教育孩子的方法"来自她对一切生灵乃至天地万物由衷的爱,由衷的颤栗与祈祷,由衷的镇定与激情。在你幼小的时候她只是带着你走,走在家里,走在街上,走到市场,走到郊外,她难得给你什么命令,从不有目的地给你一个方向,走啊走啊,你就会爱她所爱的这个世界"[61]。事实上,史铁生的作品,就是这样一个"母亲"——它培养我们爱的情感,教会我们爱的能力,带领我们沿着爱的方向,走啊走啊,一直走到一个充满爱愿的世界。

五

　　一个人,如果尝尽了苦难的滋味,如果懂得了爱的真谛,如果具有"屈服于向爱并且能爱的心魂",那么,他就已经站在了信仰之国的边界,就可以眺望到来自天界的照亮大地的灿烂光芒,就有可能形成自己的"持念"和信仰。

　　汤因比说:"没有一个人类灵魂能够度过此生而不遭逢宇宙神秘。即使人类特有的好奇冲动未能引导我们体会到这一点,经验,尤其是痛苦的经验,也会迫使我们体会到这一点。"[62]在我看来,"宇宙神秘"问题,其实就是与生的意义、死的恐惧以及终极关怀有关的问题,就是建构信仰的必要性的问题。

　　由于承受了太多痛苦的经验,史铁生很早就"遭逢"了"宇宙神秘"。病痛的煎熬,死亡的恐惧,解脱的办法,救赎的道路,这些问题,经常性地折磨着史铁生敏感的灵魂。史铁生二十岁刚出头的时候,就失去了行走的能力,就备尝病魔带来的痛苦。对一个刚刚开始青春之旅的人来说,这无疑是毁灭性的打击。从二十一岁那年开始,史铁生就被"死"的问题死死地缠住了。关于"生还是死"这一哈姆雷特之问，他经常紧张地与自己对话："可你并没有去死。我又想到那是一件不必着急的事。可是不必着急的事并不证明是一件必要拖延的事呀？你总是决定活下来，这说明什么？是的，我还想活。"㊿信仰产生于人的不幸和无助，所以，史铁生才这样说："危卧病榻，难有无神论者。"㊿"在命运的混沌之点"，他起先祈求上帝，继而想跟他较量，最后，终于明白："确实，你干不过上帝。"于是他开始调整心态，"慢慢地有了活的兴致和价值感"㊿。消沉和悲观只能是一时的心情，因为，再往后退就是绝路，就是无边的黑暗。他别无选择。他只能选择向前和向上的方向。他必须摆脱日日压迫着自己的悲观情绪，不能让自己沦为自恋而可笑的悲观主义者。光明的太阳，是从夜的深处升起来的，而信仰和爱愿之路，则是从苦难和绝望的深处伸展出来的。

通过向上的精神努力，史铁生成了对宗教和信仰有深刻理解的人，成了有信仰的人，用他自己的话说，成了一个找到了自己的"神"的"信者"。但他的这个"神"，不是一个超验的唯一而绝对的主宰者，而是精神意义上的，是来源于自己的内心世界的："但是有一天我认识了神，他有一个更为具体的名字——精神。在科学的迷茫之处，在命运的混沌之点，人唯有乞灵于自己的精神。不管我们信仰什么，都是我们自己的精神的描述和引导。"㊿他自己建构起来的"精神"宗教，不是一种僵硬的学说，也不是冰冷的教条，而是一种情怀，一种信念，一种关于爱的哲学——它意味着充满诗意感的伦理精神，意味着充满热情的生活态度。史铁生从佛教那里理解了"慈悲"，从基督教那里理解了"爱"㊿。"爱愿"加"慈悲"，就是他的情怀，就是他的宗教。

史铁生毕竟是东方人。他对佛有着更为亲切的感觉，对佛的精神，也有着极为深刻的理解。在写于1994年2月2日的《神位官位心位》一文中，他说："佛，本不是一职官位，本不是寨主或君王，不是有求必应的神明，也不是可卜凶吉的算命先生。佛仅仅是信心，是理想,是困境中的一种思悟,是苦难里心魂的一条救路。"⑱在《无答之问或无果之行》中,史铁生这样阐释了佛的伟大:"佛的伟大,恰在于他面对这差别与矛盾以及由之而生的人间苦难,苦心孤诣沉思默想;在于他了悟之后并不放弃这个人间,依然心系众生,执着而艰难地行愿;在于有一人未度他便不能安枕的博爱胸怀。"⑲佛意味着同情和悲悯,接近佛即意味着把无情之心变成有情之心:"我想,最要重视的当是佛的忧悲。常所谓'我佛慈悲',我以为即是说,那是慈爱的理想同时还是忧悲的处境。我不信佛能灭一切苦难,佛因苦难而产生,佛因苦难而成立,佛是苦难不尽中的一种信心,抽去苦难佛便不在了。佛并不能灭一切苦难,即是佛之忧悲的处境。佛并不能灭一切苦难,信心可还成立么?还成立!落空的必定是贿赂的图谋,依然还在的就是信心。信心不指向现实的酬报,信心也不依据他人的证词,信心仅仅是自己的信心,是属于自己的面对苦难的心态和思路。这信心除了保证一种慈爱的理想之外什么都不保证,除了给我们一个方向和一条路程之外,并不给我们任何结果。"⑳史铁生对"佛是苦难不尽中的一种信心"的理解,对由此"信心"而来的对"慈爱的理想"的阐释,都是得道之语,具有照亮人心的思想光芒。

乌纳穆诺说:"怜悯是人类精神爱的本质,是爱自觉其所以为爱的本质,并且使之脱离动物的而成为理性人的本质。爱就是怜悯,并且,爱越深,怜悯也越深。"㉑史铁生无疑也是这样理解爱的本质的,只不过,他更喜欢用"慈悲"来表达。其实,怜悯与慈悲在本质上是一回事,所不同的是,前者更多地属于基督教的话语谱系,而后者则更多地属于佛教的话语谱系。在《我与地坛》里,他就将慈悲当作"信者"必须信奉的"持念":"丑弱的人和圆满的神之间,是信者永远的路。这样我听见,那犹豫的音乐是提醒着一件事:此岸永远是残缺的,否则彼岸就要坍塌。这大约就是佛之慈悲的那一个'悲'字吧。慈呢,便是在这一条无尽无休的路上行走,所要有的持念。"㉒他曾反复强调

"悲"的意义。在致学者杨晓敏的信中,他说过这样一段话:"其实这个'悲'字很要紧,它充分说明了佛在爱莫能助时的情绪,倘真能'有求必应'又何悲之有?人类在绝境或迷途上,爱而悲,悲而爱,互相牵着手在眼见无路的地方为了活而舍死朝前走,这便是佛及一切神灵的诞生,这便是宗教精神的引出,也便是艺术之根吧。"[73]他把佛的心系众生的"慈悲"深化为"忧悲"。"忧"比"慈"更沉重,但也更深沉;"忧悲"更能体现佛的温柔的博爱情怀。对"忧悲"的深刻体悟和阐发,无疑是他的一大贡献。

在史铁生的理解中,充满爱愿的精神之旅,是一个没有终点的过程,而神和佛也意味着无休止的行动,也是没有完成时态的。所以,他对"人人皆可成佛"的阐释,就像他对"爱愿"的诠释一样:"佛并不是一个实体,佛的本义是觉悟,是一个动词,是行为,而不是绝顶的一处宝座。这样,'人人皆可成佛'就可以理解了,'成'不再是一个终点,理想中那个完美的状态与人有着永恒的距离,人皆可朝向神圣无止步地开步了。谁要是把自己挂起来,摆出一副伟大的完成态,则无论是光芒万丈,还是淡泊逍遥,都像是搔首弄姿。'烦恼即菩提',我信,那是关心,也是拯救。'一切佛法唯在行愿',我信,那是无终的理想之路。"[74]在一个对"伟大的完成态"无限迷恋的时代来讲,对那些过度自大和自信的"拯救者"来讲,史铁生的思想,具有指示方向的意义。

史铁生对宗教精神和爱的理想,有着极为深刻的理解。在他看来,任何时代都不能没有理想主义之光的照亮,都不能没有梦想:"有那样的梦想,现实就不再那么绝望,不至于一味地实际成经济动物。"而理想主义的本质就是爱,正像爱的本质就是理想主义一样:"爱是一种理想或梦想,不仅仅是一种实际,这样,当爱的实际并不美满之时,喜欢实际的中国人才不至于全面地倒向实际,而放弃缭绕于心魂的爱的梦想。"[75]没有这种理想主义的爱,就什么都谈不到:"一个更美好的世界,不管是人间还是天堂,都必经由万苦不辞的爱的理想,这才是上帝或佛祖或一切宗教精神的要求。"⑯在中国当代作家中,还没有一个人像史铁生那样,因为看到了表象之下的危机,因为看到了繁华背后的困境,所以特别强调"爱的理想",特别强调"梦想"和"理想"对于"市场经济时代"人们的内心生活的意义。

许纪霖在《史铁生:另一种理想主义》一文中,这样评价史铁生的理想主义:这是"一种个人的、开放的、宽容的、注重过程的、充满爱心的理想主义。它以虚无为背景,又超越了虚无,它是人生悲剧中的微笑,荒谬命运中的浪漫,俗世社会中的精神乌托邦。我相信,随着时间的推移,史铁生将会被更多至今仍在虚无中探索的人们所了解和接受,并日益显现出其跨时代的思想魅力"⑰。作为一个拥有坚定信仰的人,史铁生是镇定而慈悲的乐观主义者。他的作品所表现出来的热情、信心和力量,标志着我们时代文学在精神追求上所达到的高度。

注 释

①⑨史铁生:《对话练习》,时代文艺出版社2000年版,第221页,第223页。

②结构过于复杂,可读性不够强,是史铁生两部长篇小说经常被谈及的问题,也是一个让他很纠结的问题:"反正有时候没法照顾读者。我觉得最痛苦的是我想达到那个效果,没达到,或者是我的能力压根就达不到。"(史铁生等:《史铁生的日子》,凤凰出版社2011年版,第97页)关于《务虚笔记》,史铁生在一封信中说:"如果有人说它既不是小说,也不是散文,也不是诗,也不是报告文学,我觉得也没有什么不对。因为实在不知道它是什么,才勉强叫它做小说。"(史铁生等:《史铁生的日子》,凤凰出版社2011年版,第262页)其实,如果将他的长篇小说当作"思想录"和"印象记"性质的长篇散文作品来读,而不再费力追寻情节发展的逻辑线索,不再试图还原人物形象的生成脉络,那么,他的"非小说化"叙事所带来的复杂性和阅读难度,就不再是什么问题了。事实上,史铁生的长篇小说就是别样形式的"笔记",就是用来表达自己和人物的思想和印象的手段和载体。他

的重点不在塑造人物,也不在叙写情节;其中的人物虽然模糊,情节性也不强,但思想和印象是明晰的。他的长篇小说,一开始就存在命名不确的问题,因为,它们的特点不在虚构性,不在情节性,而在写实色彩很强的思想性和印象性,所以,依照曾经流行一时的"新XX"的命名策略,它们完全被可以称为"新形态随想录"。

③利文斯顿:《现代基督教思想》(下卷),四川人民出版社1999年版,第931—932页。

④索尔仁尼琴:《第一圈》(下),群众出版社2000年版,第77页。

⑤⑥⑦⑧史铁生:《我的遥远的清平湾》,北京十月文艺出版社1985年版,第176页,第175页,第176页,第51页。

⑩㉓史铁生:《务虚笔记》,上海文艺出版社版1996年版,第180页,第459页。

⑪利文斯顿:《现代基督教思想》(下卷),四川人民出版社1999年版,第995页。

⑫史铁生:《对话练习》,时代文艺出版社2000年版,第320页。诺贝尔文学奖得主、墨西哥诗人帕斯说"诗是对生活的匡正",史铁生特别喜欢这句话,曾在自己的文章中多次引用,并在《无病之病》中评价说:"我相信这是对诗性最恰切的总结。"(史铁生:《对话练习》,时代文艺出版社2000年版,第365页)

⑬埃里希·弗洛姆:《生命之爱》,国际文化出版公司2001年版,第16页。

⑭⑮埃里希·弗洛姆:《在幻想锁链的彼岸》,湖南人民出版社1986年版,第54页,第57页。

⑯史铁生:《病隙碎笔》,陕西师范大学出版社2006年版,第12页。

⑰⑱⑳㉑㉖㉗㉘㉙㉚㉛㉜㉝㉞㉟㊲㊳㊹㊺㊻㊼㊽㊾㊿㉖㊽㉗㊾㉘㉙㊾㉛㊼㉝㉞㉟㊲㊳㉚㉛㊼㊽㉒㊸史铁生:《对话练习》,时代文艺出版社2000年版,第112页,第239页,第141页,第279—280页,第340页,第436页,第193页,第277页,第142页,第131页,第34—35页,第120页,第97页,第382页,第230页,第367页,第135页,第137页,第140页,第141页,第93页,第37页,第13页,第15页,第21页,第218页,第225页,第219页,第339页,第222页,第141页,第142页。

⑲㊵㊲史铁生:《我与地坛》,人民文学出版社2008年版,第46页,第324页,第59页。

㉒㊼㊽㊾史铁生:《病隙碎笔》,陕西师范大学出版社2006年版,第102页,第

147 页,第 165 页,第 54—65 页。

㉔(53)史铁生:《史铁生的日子》,凤凰出版社 2011 年版,第 267 页,第 51 页。

㉛㉜(51)(52)㊸(71)乌纳穆诺:《生命的悲剧意识》,北方文艺出版社 1987 年版,第 124 页,第 125 页,第 51 页,第 53 页,第 88 页,第 90 页。

㊱埃里希 · 弗洛姆:《在幻想锁链的彼岸》,湖南人民出版社 1986 年版,第 72 页。

㊴㊵㊶㊷史铁生《命若琴弦》,人民文学出版社 2008 年版,第 104 页,第 108 页,第 112 页,第 117 页。

㊺(62)汤因比:《一个历史学家的宗教观》,四川人民出版社 1990 年版,第 344 页,第 308 页。

㊻海伦 · 加德纳:《宗教与文学》,四川人民出版社 1998 年版,第 81 页。

㊾利文斯顿:《现代基督教思想》(下卷),四川人民出版社 1999 年版,第 920—921 页。

㊿史铁生:《我的丁一之旅》,人民文学出版社 2006 年版,第 344 页。

(60)史铁生:《对话练习》,时代文艺出版社 2000 年版,第 230 页;这一思想,他在长篇小说《务虚笔记》中也有表达:“爱情不是一个名词,而是动词,永远的动词,无穷动。”(史铁生:《务虚笔记》,上海文艺出版社 1996 年版,第 558 页)

(69)史铁生:《好运设计》,春风文艺出版社 1995 年版,第 309—310 页。他还说:“人生下来有两个处境,一个你怎么活,这个我觉得是基督的精神,一个是你对死怎么看,那你得看重佛的智慧。”(史铁生等:《史铁生的日子》,凤凰出版社 2011 年版,第 158 页)

(79)许纪霖:《许纪霖自选集》,广西师范大学出版社 1999 年版,第 307 页。